Welt der Wörter

Wörter

Arbeitsmaterialien 1

**Lehrmittelverlag
Zürich**

ilz Lehrmittel der Interkantonalen Lehrmittelzentrale

Sprachbuch für das 7. Schuljahr
Arbeitsmaterialien
Band 1

Weitere Lehrwerksteile
Schülerbuch
Lösungen zu Schülerbuch und Arbeitsmaterialien
Kommentar
Diapositive
Audio-CD
CD-ROM

Autoren
Walter Flückiger, Max Huwyler

Wissenschaftlicher Fachberater
Prof. Dr. Peter Gallmann, Universität Jena

Gestaltung
Hubert Hasler / Prisca Itel-Mändli, Winterthur

Zeichnungen
Jürg Furrer, Seon

Übrige Illustrationen
Quellenangabe beim Bild

Nach Rechtschreibreform 2006

© 1999 Lehrmittelverlag Zürich
11. unveränderte Auflage 2011 (10. Auflage 2009)
Printed in Switzerland
Klimaneutral gedruckt auf FSC-Papier
ISBN 978-3-906720-57-9
www.lehrmittelverlag-zuerich.ch

Arbeitsmaterialien zu «Welt der Wörter 1»

Verwendung

Die Arbeitsmaterialien sind Teil des Sprachbuchs «Welt der Wörter 1». Es sind Mosaiksteine, welche die Arbeit in den verschiedenen Teilbereichen des Deutschunterrichts unterstützen.

In der Regel wird man vom Schülerbuch zu den Arbeitsmaterialien gelangen, der umgekehrte Weg ist aber ebenfalls möglich. Die meisten Arbeitsmaterialien lassen sich auch unabhängig vom Schülerbuch verwenden, beispielsweise bei der Repetition von Stoffbereichen oder als Elemente des Plan- bzw. Werkstattunterrichts. Viele Materialien können auch als Modelle zum Verfassen eigener Übungen dienen.

Inhaltsverzeichnis

Das Inhaltsverzeichnis gibt einen Überblick über die nach Lernbereichen geordneten Arbeitsmaterialien.

Lösungen

Die Lösungen zu den Arbeitsmaterialien befinden sich im Lösungsordner zu «Welt der Wörter 1». Lösungsvarianten können von den Lösungen nicht immer erfasst werden. Ganz besonders gilt dies bei den Arbeitsmaterialien zur Stilistik und zum Wortschatz, teilweise aber auch bei den Übungen zur Zeichensetzung und zur Grammatik.

Kommentar

Die Arbeitsmaterialien erfordern keine Kommentierung. Gelegentlich finden sich Erläuterungen zu einem Arbeitsmaterial nach der Lösung bzw. anstelle einer Lösung. Eine Beschreibung des Deutschunterrichts, dem «Welt der Wörter 1» dient, sowie ausführliche Hinweise zur Unterrichtsgestaltung befinden sich im Kommentar zum Schülerbuch.

Titelzeile der Arbeitsmaterialien

①   ②
D1 L   **Bienvenidos**
        Vielfalt der Sprachen und Schriften (1.1)
        ③

①	Buchstabe	Bezeichnung des Lernbereichs
	Zahl	Nummerierung der Arbeitsmaterialien zu einem Lernbereich
	L = Lösung	Die Lösung hat dieselbe Nummer wie das Arbeitsmaterial.
	K = Kommentar	Ein allfälliger Kommentar hat dieselbe Nummer wie das Arbeitsmaterial.
	Lernbereiche	
	W	Wortschatz: Wortfelder, Wortfamilien, Begriffe, Redewendungen, Sprichwörter
	F	Formulieren, Stilistik
	T	Textverständnis, Lesen
	D	Diverses: Wahrnehmungsschulung, Berufsfindung, Denksport
	WL	Wortlehre
	SL	Satzlehre
	R	Rechtschreibung
	Z	Zeichensetzung
②	Titel	
③	Lernziel/Thema (1.1): Verweis auf Schülerbuch	

Inhaltsverzeichnis

zu den Arbeitsmaterialien «Welt der Wörter 1»

Wortschatz

Wortfelder, Wortfamilien, Begriffe, Redewendungen, Sprichwörter

W1 Wie sagt man dem?
Wortschatzunterschiede CH/D (4.8)

«Wie sagt man in der Schweiz?»
Ein Teil unseres Wortschatzes
unterscheidet sich vom Sprach-
gebrauch in Deutschland. Die
nebenstehenden Ausdrücke stammen
aus diesem Bereich.

Man kann natürlich auch umgekehrt
fragen: Wie sagt man in Deutschland? Kannst du diese Ausdrücke
einem Deutschen erklären, der sie
nicht versteht? Wenn du unsicher
bist, kannst du den passenden
Ausdruck aus der Liste ganz unten
heraussuchen.

1 Abwart

2 Abwaschmaschine

3 Billett

4 bis anhin

5 Bünzli

6 Coiffeur/Coiffeuse

7 Dole (Strassendole)

8 Fahrausweis

9 Ferien

10 Finken

11 Harass

12 hässig

13 Herausgeld

14 Hühnerhaut

15 Identitätskarte

16 Kartoffelstock

17 Lavabo

18 Leintuch

19 Morgenessen

20 motten (Feuer)

21 Nachtessen

22 Nastuch

23 raffeln

24 Sackgeld

25 Schopf (Gebäude)

26 (Tür)falle

27 Spritzkanne

28 versorgen

29 Übergewand

30 Zündhölzchen

● Abendessen ● Arbeitskleid ● Betttuch ● bisher ● Fahrkarte/Fahrschein
● Friseur/Friseuse ● Frühstück ● Führerschein ● Gänsehaut
● Geschirrspüler ● Giesskanne ● Gully/Abwasserschacht ● Hausmeister
● Hausschuhe/Pantoffeln ● Kartoffelpüree/Kartoffelbrei
● Kiste/Kasten ● mürrisch/verdriesslich/übellaunig ● Personalausweis
● reiben ● Schuppen ● schwelen ● Spiesser ● Streichhölzer
● Taschengeld ● Taschentuch ● Türklinke ● Urlaub ● Waschbecken
● Wechselgeld ● 1. zurücklegen/verstauen, 2. in ein Heim einweisen

A Welches Wort der Wörtergruppe passt in die Lücke bei den Begriffspaaren?

1 Wasser   – Eisberg
   Sahara   – _____

   Fata Morgana, Skorpion, Beduine, Oase

2 Chirurg   – Skalpell
   _____ – Kelle

   Kellner, Maurer, Schlosser, Monteur

3 Werkzeug   – Schraube
   Strassenwalze   – _____

   Gewicht, Asphalt, Autobahn, LKW

4 Pullover   – Wärme
   Geld   – _____

   Sicherheit, Tresor, Kleidung, Schutz

5 Lernen   – Wissen
   mauern   – _____

   Haus, Spiel, Verdienst, Arbeit

6 Krieg   – Leid
   Früchte   – _____

   Saat, Hunger, Gesundheit, Ernährung

7 Eselsohr   – Buch
   Streit   – _____

   Bericht, Ehe, Scheidung, Kinder

8 Schiff   – Leuchtturm
   Flugzeug   – _____

   Flughafen, Lotse, Kompass, Funkfeuer

B Streiche das Wort, das nicht in die Gruppe passt.

1 Quadrat – Würfel – Dreieck – Rechteck

2 Boot – Segel – Ruder – Wasser

3 Ufer – Meer – Ebbe – Flut

4 Gedicht – Musik – Lied – Drama

5 oval – rund – glatt – Form

6 Haus – Iglu – Warenhaus – Villa

7 Uhr – Mittag – Nacht – Jahr

8 Pfund – Gewicht – Masse – Schwere

9 Jagd – Gewehr – Schuss – Kugel

10 Sterne – Himmel – Kosmos – Universum

11 Lineal – Löschblatt – Füllfeder – Tinte

12 Verbrecher – Gesetz – Gericht – Richter

13 Nuss – Muschel – Hülse – Melone

14 Hymne – Lied – Gedicht – Choral

15 feinfühlig – empfindsam – sensibel – sinnlich

16 immer – oft – häufig – jeder

17 herb – matt – fahl – schillernd

18 alt – bejahrt – betagt – verbraucht

19 sitzen – liegen – knien – gehen

20 gewöhnlich – normal – alltäglich – üblich

C Welche beiden Wörter der Gruppe haben einen gemeinsamen Oberbegriff?
   Unterstreiche diese Wörter und schreibe den Oberbegriff dazu:

1 Butter, Brot, Zeitung, Messer, Zigarette, Uhr, Baum _____

2 Luft, Teppich, Tür, Haus, Tisch, Stuhl, Gardine _____

3 Schwert, Wappen, Ruine, Lanze, Helm, Relief _____

4 Auto, Zelt, Café, Strasse, Büro, Haus, Garten _____

5 Armut, Elend, Gefahr, Durst, Hunger, Angst, Krankheit _____

6 Eis, Mütze, Kälte, Schlitten, Kompass, Strumpf, Winter _____

7 Schiff, Rad, Silo, Bank, Behausung, Tresor, Werkstatt _____

8 Gras, Wurzel, Tulpe, Eiche, Laub, Rose, Wald _____

9 Dose, Rad, Kreis, Knopfloch, Knoten, Stöpsel, Deckel _____

10 Brille, Sonne, Blick, Duft, Auge, Reiz, Nase _____

W3 Begreifen – Begriff II
Arbeit mit Begriff/Oberbegriff (4.9)

A Benenne die Oberbegriffe möglichst genau und streiche den unpassenden Unterbegriff in der Liste:

1 Stuhl, Bank, Sofa, Schemel, Fauteuil, Hocker _____

2 Föhre, Tanne, Ahorn, Kiefer, Lärche _____

3 Zunge, Augen, Zahnfleisch, Ohren, Nase, Haut _____

4 Schwein, Ziege, Huhn, Katze, Ochse, Schaf _____

5 Falke, Adler, Taube, Bussard, Habicht _____

6 Pflaume, Zwetschge, Kirsche, Traube, Aprikose _____

7 Barometer, Walkman, Massstab, Uhr, Kompass _____

8 Kelle, Messer, Faden, Löffel, Zapfenzieher, Mixer _____

B Nenne zu den folgenden Oberbegriffen je vier passende Unterbegriffe:

1 Gewässer

2 Kopfbedeckungen

3 Kunstwerke

4 Flugobjekte

5 Werkzeuge

6 Nagetiere

7 Positive Gefühle

8 Negative Gefühle

C Streiche das Wort, das am wenigsten in die Reihe passt:

1 anspruchslos, bedürfnislos, einfältig, einfach, bescheiden, genügsam, schlicht

2 schnell, rasch, geschwind, hurtig, keck, rasant, eilig, flugs, blitzartig, zügig, stracks

3 immer, fortgesetzt, manchmal, dauernd, beständig, pausenlos, unablässig, stets

4 intelligent, klug, gescheit, weise, geistreich, aufgeweckt, beweglich, schlau

5 aneignen, einstecken, berühren, wegnehmen, sich bemächtigen, enteignen

6 dienen, helfen, beistehen, danken, unterstützen, fördern, einspringen

7 rinnen, fliessen, spritzen, sickern, sprudeln, nippen, giessen, tropfen, strömen

8 Auto, Motorrad, Traktor, Lokomotive, Lastwagen, Trolleybus, Postauto, Kutsche

9 Strick, Drahtseil, Faden, Garn, Kette, Schnur, Strang, Bändel, Kordel, Tau, Leine

10 Mut, Verwegenheit, Tapferkeit, Kühnheit, Fleiss, Unerschrockenheit, Furchtlosigkeit

D Ergänze die Reihe mit zwei weiteren passenden Wörtern:

1 ausgezeichnet, prächtig, gediegen, _____   _____

2 reizvoll, herzig, bezaubernd, entzückend, _____   _____

3 verstohlen, verkappt, verdeckt, _____   _____

4 marschieren, trippeln, pirschen, stelzen, _____   _____

5 reinigen, spülen, fegen, säubern, _____   _____

> **Tipp: Ein Wörterbuch sinnverwandter Ausdrücke ist sehr hilfreich beim Lösen dieser Aufgaben. Du kannst damit auch selbst ein solches Arbeitsblatt zusammenstellen.**

Zunge / Stirn / Bauch / Gliedmassen / Daumen / Augapfel / Wurzel / Kopf / Weisheitszahn / Körper / Handrücken / Arm / Mund / Haar / Gebiss / Hand / Eckzahn / Rumpf / Linse / Hinterhaupt / Daumennagel / Backenzahn / Bein / Auge / Brust / Gesicht

Trage die oben stehenden Wörter an der passenden Stelle im Begriffschema ein:

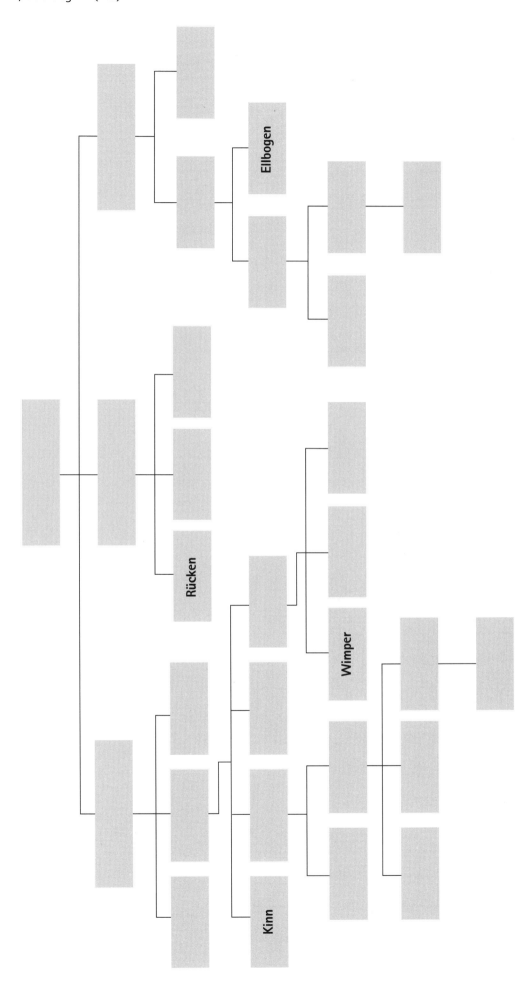

**Bildhafte Sprache
am menschlichen Körper**

1 Die Haare _____ vor Schreck.

2 Wer Widerstand leistet, der _____ jemandem die Stirne.

3 Gnädig _____ sie ein Auge _____ .

4 Der Verliebte macht der Angebeteten _____ Augen.

5 Der Neugierige _____ seine Nase in anderer Leute Angelegenheiten.

6 Wer redegewandt ist, der ist nicht _____ Mund _____ .

7 Er _____ die Lippen zu einem dreckigen Grinsen.

8 Wer lügt, der redet _____ Zunge.

9 Wer zu viel kritisiert, dem wird der Mund _____ .

10 Er ist unreif, er ist noch _____ hinter den Ohren.

Erkläre die bildhaften Ausdrücke.

1 jemandem den Kopf waschen

_____

_____

2 jemandem den Kopf verdrehen

_____

_____

3 eine dicke Haut haben

_____

_____

4 die kalte Schulter zeigen

_____

5 den Rücken kehren

_____

6 etwas auf dem Herzen haben

_____

7 Jemandem liegt etwas auf dem Magen.

_____

8 jemandem ein Bein stellen

_____

9 sich mit Händen und Füssen wehren

_____

10 auf grossem Fuss leben

_____

Tiere in Redensarten
Das nahe Zusammenleben und die Abhängigkeit des Menschen vom Tier haben sich auch in der Sprache niedergeschlagen.

- Unterstreiche die auf ein Tier hinweisenden Wörter.

- Ordne die unten aufgeführten Erklärungen den Redensarten zu, indem du den passenden Buchstaben davorsetzt.

a Dummheiten machen
b älter und einsichtiger werden
c ein Verführer sein
d nicht feinfühlig sein
e sich immer zanken
f sich unterwürfig verhalten
g beschämt weggehen
h an einer empfindlichen Stelle treffen
i lässt sich nicht einordnen
j unverdient Glück und Erfolg haben
k eine Sache mutig angehen, etwas riskieren
l sich in eine Reihe stellen und warten
m jemandem nicht trauen können
n sich vor drohendem Unheil zurückziehen
o ungewöhnlich viel behaupten, lügen
p einen auffälligen Fehler machen
q genau prüfen und durchsuchen
r unüberlegt dreinreden
s mit hartnäckigen Fragen ein Geheimnis entlocken
t eine heftige Gegenreaktion auslösen
u übellaunig, von unfreundlichem Charakter
v leicht eine Lösung finden, etwas vorausahnen
w sich überraschend zeigen als ...
x von etwas erfahren

_____ 1 Er hat einen Bock geschossen.
An Schützenfesten wurden früher Tiere als Preise abgegeben. Trostpreis für den schlechtesten Schützen war oft ein Ziegenbock.

_____ 2 Das ist ein bärbeissiger Vorgesetzter.

_____ 3 Sie entpuppte sich als geschickte Spielerin.

_____ 4 Hast wieder nichts gemerkt, du, mit deinem dicken Fell!

_____ 5 Dem sind Sie schön auf die Hühneraugen getreten!

_____ 6 Lasst endlich diese Eseleien!

_____ 7 Er ist ein Fuchs.
Von der Fabel hergeleitet.

_____ 8 Er wird die Hörner schon noch abstossen.

_____ 9 Die Ratten verlassen das sinkende Schiff.

_____ 10 Er ist ein Rattenfänger.
Hergeleitet vom Märchen «Der Rattenfänger von Hameln».

_____ 11 Er ist weder Fisch noch Vogel.

_____ 12 Er schleicht davon wie ein geschlagener Hund.

_____ 13 Ihm fliegen die gebratenen Tauben in den Mund.
Hergeleitet vom Märchen vom Schlaraffenland.

_____ 14 Sie sind wie Hund und Katze.

_____ 15 Die Sicherheitsbeamten haben ihn gefilzt.
Hergeleitet von einer gesundheitspolizeilichen Massnahme: Fremde wurden nach Filzläusen untersucht.

_____ 16 Du hast eine gute Nase.
Aus der Jägersprache: Anspielung an den Geruchsinn des Jagdhundes.

_____ 17 Er meinte, mit Katzbuckeln zu Erfolg zu kommen.

_____ 18 Er packt den Stier bei den Hörnern.

_____ 19 Wir haben davon Wind bekommen.
Aus der Jägersprache: Der Jäger pirscht sich gegen den Wind ans Wild.

_____ 20 Vorsicht, du könntest leicht in ein Wespennest stechen!

_____ 21 Wir mussten Schlange stehen.

_____ 22 Sie hat ihm die Würmer aus der Nase gezogen.
Hergeleitet von einem Taschenspielertrick der wandernden Wunderärzte, die behaupteten, das Übel sitze als Wurm im Gehirn.

_____ 23 Sei nicht vorlaut!
Der Jagdhund, der zu früh Laut gibt, vertreibt das Wild.

_____ 24 Das geht auf keine Kuhhaut.
Tierhaut war Rohstoff für die Pergamentherstellung.

W7 Wer meckert?
Verben aus der Tierwelt (Kapitel 6)

- Welchem Tier / Welchen Tieren kann man die unten stehenden Verben zuordnen?
- Setze in der zutreffenden Kolonne ein Zeichen.
- Bezeichne in der entsprechenden Kolonne, ob das Verb auf den Menschen und/oder das Tier anwendbar ist. Setze ein ü, wenn es in übertragenem Sinn gemeint ist.

		angreifen/verteidigen	Laut geben	riechen	bewegen	Tier	Mensch
1	meckern	*Ziege*		/			/	ü
2	wedeln							
3	schnurren							
4	flattern							
5	watscheln							
6	Fühler ausstrecken							
7	traben							
8	zirpen							
9	jaulen							
10	stechen							
11	gurren							
12	suhlen							
13	krächzen							
14	trompeten							
15	röhren							
16	würgen							
17	schwärmen							
18	quaken							
19	sich aalen							
20	quieken							
21	schlängeln							
22	trillern							
23	grunzen							
24	schnüffeln							
25	brüllen							
26	reissen							
27	knurren							
28	schnattern							
29	piepsen							
30	wiehern							

W8 Le chat miaule
Wortschatz (Kapitel 6)

1 Tierstimmen
Von Tierstimmen abgeleitete Verben

			Verb	Nachahmungswort
le chat	miauler	die Katze	*miauen*	*miau*
le cochon	grouiner	das Schwein		
la colombe	roucouler	die Taube		
le coq	coqueriquer	der Hahn		
la grenouille	coasser	der Frosch		
le mouton	bêler	das Schaf		
la vache	beugler	die Kuh		

2 Wer weiss, zu welchem Tier folgende Wörter passen?
Erkläre die Wörter. Verwende dazu ein Wörterbuch.

Höcker

Kamm

Frischling

Löffel

Rogen *Fische – Rogen nennt man die Eier der Fische.*

Seide

Stute

Wurf

Kiemen

Simmentaler

Ueli Hiltpold. RDB Zürich

3 Tiergruppen
Hier die einzusetzenden Wörter:
Familienherde, Herde, Meute, Paar, Rudel, Volk (zweimal), Bau, Stock

Wölfe leben im   .

Elefanten leben in   zusammen.

Schwäne leben in der Brutzeit als   .

Ameisen leben als   zusammen im   .

Bienen leben als   zusammen im   .

Die Jäger sammeln ihre   zur Treibjagd.

Der Hirte hütet zusammen mit dem Hüterhund die   .

Reden – Sprechen: Setze passende Wörter oder Wendungen aus diesem Wortfeld ein.

1 Der Radiosprecher hat sich während der Ansprache _____ .

2 Dieter hat Probleme; er möchte sich bei jemandem _____

3 Es hat ihm vor Schreck die Sprache _____ .

4 Die Eltern bitten die Lehrerin um ein _____ / eine _____ .

5 Vielleicht hilft sie uns bei dieser Arbeit, wenn wir ihr gut _____ .

6 Sie _____ den Ängstlichen, seinen Chef um eine Besprechung zu bitten.

7 Er meint, er habe immer Recht. Er erträgt einfach keinen _____ .

8 Ich habe mich bestens mit meinem Tischnachbarn _____ .

9 Gute Sprecher lesen ein Gedicht nicht einfach vor, sie _____ es vor.

10 Nach dem Schreck _____ er nur ein paar unverständliche Wörter.

11 Niemand nimmt ihn ernst. Er ist ein dummer _____ .

12 Das sollte ein Geheimnis bleiben! Wer hat es euch denn _____ ?

13 Die Mannschaft _____ mit dem Trainer die Spieltaktik.

14 Der gefoulte Stürmer _____ den gegnerischen Verteidiger wütend an.

15 Darf ich mitspielen? Ihr habt es mir doch _____ .

16 An der Rang_____ kam aus, dass wir nur Fünfte wurden.

17 Er hat den Kopf angeschlagen und war für eine Weile kaum _____ .

18 Du _____ die ganze Zeit! Was passt dir denn jetzt wieder nicht?

19 Nichts ist ihm heilig; er hat (ist) ein grässliches _____maul.

20 Komm her, ich muss mit dir ein Hühnchen _____ / ein Wörtchen _____ .

21 Hör doch auf, so gedankenlos daherzu_____ .

22 Was _____ denn ihr beiden miteinander? Dürfen wir es nicht hören?

23 «Sie hat mich einfach verlassen», _____ er tränenüberströmt.

24 Keiner protestierte laut. Aber die Gruppe _____ vernehmlich.

25 Kommst du auch ans Fest? – Ja. Ich habe doch schon lange _____ .

26 Seit ihrem Tod ist er tieftraurig. Niemand kann ihn _____ .

27 «Wenn ich doch nur mehr Zeit hätte!», _____ sie gestresst.

28 «Schweig!», _____ sie ihm wütend ins Ohr.

29 «Ach Liebster», _____ die Angebetete dem Verehrer errötend ins Ohr.

30 «Interessiert mich nicht!», _____ der Bärbeissige missmutig.

Wir können Eigenschaften, Handlungen usw. nur auseinanderhalten, wenn wir Bezeichnungen, Wörter dafür haben. Wo genaue Unterscheidungen wichtig sind, schaffen wir fein abgestufte Bezeichnungen. Ein Eskimo zum Beispiel kennt sehr viele Wörter, welche die Beschaffenheit des Schnees bezeichnen, während ein Nomade in der Wüste vielleicht überhaupt keine Bezeichnung für Schnee kennt, dafür aber sehr viele Wörter, mit denen er die Beschaffenheit des Sandes bezeichnet.

Gruppen von Wörtern, die Ähnliches bezeichnen, nennen wir Wortfelder.
Ein solches Wortfeld bilden zum Beispiel Wörter, mit denen wir die Bewegung des Wassers bezeichnen, z.B. *fliessen, giessen, plätschern, rinnen, (ver)sickern, spritzen, strömen, sprudeln, stürzen, tosen, tropfen.*

Jedes dieser Verben bezeichnet eine besondere Wasserbewegung, wie sie sich in bestimmten Situationen ergibt.

In den folgenden Sätzen gibt es einiges zu korrigieren. Streiche die unpassenden Wörter und ersetze sie durch zutreffende.
Manchmal gibt es mehrere Möglichkeiten, manchmal nur eine.

1 Der Bergbach tropft schäumend talwärts. _____

2 Der Gärtner überflutet die Setzlinge mit der Spritzkanne. _____

3 Der undichte Wasserhahn tost immer noch. _____

4 An dieser Stelle stürzt das Rinnsal wieder in den Boden. _____

5 Nach heftigen Regenfällen plätschert hier ein Wildbach herunter. _____

Setze in die Lücken ein passendes Verb.

6 Das Wasser _____ mit grosser Wucht aus der geöffneten Schleuse.

7 Weiter unten verengt sich das Tal, und der Fluss _____ als Wasserfall über die Felswand.

8 Aus mehreren Schläuchen _____ die Feuerwehr Wasser in das brennende Haus.

9 Die Quelle _____ .

10 Aus dem undichten Fass _____ das Wasser auf den Boden.

Bilde mit den folgenden Verben je einen Satz. Das Verb soll in die vom Satz beschriebene Situation passen.

trinken, schlürfen, nippen, saufen, hinunterstürzen

1 _____

2 _____

3 _____

4 _____

5 _____

- Bilde Sätze zu Verben eines anderen Wortfeldes, z.B. Verben, mit denen wir die Tätigkeit der Lunge beschreiben: atmen, keuchen, hecheln.

- Bilde und beschreibe weitere Wortfelder, zum Beispiel zu «sehen», «gehen».
  Natürlich gehören nicht nur Verben, sondern auch Nomen und Adjektive zu den Wortfeldern.
  Verwende bei deiner Arbeit Wörterbücher, in denen sinn- und sachverwandte Wörter aufgeführt sind (z.B. Duden 2 und Duden 8), und vergleiche deine Vorschläge mit denen des Wörterbuchs.

W11 Schaumschläger
Wortfamilie «schlagen»

«Lokalradios schlagen neue Töne an: Schaumschläger schlagen zu» (Zeitungstitel)

Setze in den folgenden Sätzen passende Wörter der Wortfamilie «schlagen» in die Lücken.

1 Der Dirigent *schlägt* den Takt.

2 Nach heftigem _____ abtausch wurde die Mannschaft N. in letzter Minute durch einen

   Zufallstreffer _____.

3 Sie verdienten wenig, sie vermochten sich knapp _____.

4 Sie verwöhnte ihr Patenkind, sie konnte ihm keinen Wunsch _____.

5 Ein Buch _____. Gegenteil: Ein Buch _____.

6 Ein Zelt _____. Gegenteil[1]: Ein Zelt _____.

7 Sie flohen, sie _____ sich _____ _____ Büsche.

8 Sie _____ den Sack und meinten den Esel.

9 Wegen seiner _____ (= hinterhältigen) Art war er unbeliebt.

10 Sie konnte auf alles _____ antworten, sie war eben nicht auf den Mund gefallen.

   Das dazu passende Nomen heisst _____.

11 Auf den Blitz folgt der D_____.

12 Nach _____ Kampf wurden sie in die Flucht _____.

13 Sie erlag einem Herz_____. Das war ein harter _____ für die Familie.

   Ihre letzte Stunde / Ihr Stündchen hat _____.

14 Das Schiff hatte ein Leck und bekam _____.

15 Mit _____ _____ (= sofort) war er hellwach. _____ sechs Uhr stand er auf.

16 «Sie sind überführt, wir haben _____ Beweise.» – Daraufhin änderte

   der Angeklagte _____ (= rasch) sein Verhalten.

17 «Es ist aus, kannst gehen», sagte sie. Er war wie vor den Kopf _____.

   Er ging weg wie ein _____ Hund.

18 Drei Eier sorgfältig _____, Eiweiss vom Eigelb trennen, das Eiweiss schaumig _____.

19 Nimm Mütze und Jacke mit, das Wetter könnte _____.

20 Bei hoher Innenfeuchtigkeit _____ sich die Fensterscheiben.

21 Der Blitz hat _____.

22 Der Song hat bei den Hörern _____, er wurde ein _____.

23 Im Ausverkauf gibt es _____ auf allen Artikeln.

24 Die Tennisspielerin hat einen harten _____; sie _____ manches Ass.

[1] Da hier die Wortfamilie «schlagen» kein passendes Verb anbietet, wählst du ein anderes.

A Sprichwörter rekonstruieren

Viele Sprichwörter sind als alte Volksweisheiten heute etwas in Vergessenheit geraten. Eine Anzahl der bekanntesten Sprichwörter findest du rechts. Offensichtlich stimmen sie so aber nicht richtig. Wie lauten sie nun wirklich?
Einige dieser Sprichwörter kennst du sicher. Aber auch die dir unbekannten kannst du mit etwas Spürsinn rekonstruieren, denn jedes falsche Sprichwort besteht aus Anfang und Schluss je eines anderen «echten».
Da und dort sind beim Rekonstruieren kleine sprachliche Anpassungen nötig.

Beispiel

Falsch:
Wer rastet, mahlt zuletzt.
Wer zuerst kommt, der rostet.

Richtig:
Wer rastet, der rostet.
Wer zuerst kommt, mahlt zuerst.

1 Eine Hand verdirbt den Brei.
2 Lügen, solange es noch heiss ist.
3 Pech im Spiel schützt vor Torheit nicht.
4 Viele Köche ersparen den Zimmermann.
5 Morgenstund ist halb gewonnen.
6 Keine Rose wäscht die andere.
7 Neue Besen haben kurze Beine.
8 Alter hat Gold im Mund.
9 In der Not sind alle Katzen grau.
10 Jung gefreit, Glück in der Liebe.
11 Wer anderen eine Grube gräbt, lacht am besten.
12 Eine Schwalbe kommt selten allein.
13 Ein Unglück ist vom Himmel gefallen.
14 Nachts frisst der Teufel Fliegen.
15 Schuster kehren gut.
16 Es ist noch kein Meister bei seinen Leisten geblieben.
17 Wer zuletzt lacht, fällt selbst hinein.
18 Die Axt im Haus macht noch keinen Sommer.
19 Frisch gewagt hat nie gereut.
20 Schmiede das Eisen ohne Dornen.

Die richtigen Sprichwörter lauten:

1 Eine Hand _____

2 Lügen _____

3 Pech im Spiel, _____

4 Viele Köche _____

5 Morgenstund _____

6 Keine Rose _____

7 Neue Besen _____

8 Alter _____

9 In der Not _____

10 Jung gefreit, _____

11 Wer anderen eine Grube gräbt, _____

12 Eine Schwalbe _____

13 Ein Unglück _____

14 Nachts _____

15 Schuster, _____

16 Es ist noch kein Meister _____

17 Wer zuletzt lacht, _____

18 Die Axt im Haus _____

19 Frisch gewagt _____

20 Schmiede das Eisen, _____

B Sprichwörter umschreiben

Umschreibe die Bedeutung dieser Sprichwörter in deinen eigenen Worten.

W13 Wie man sich bettet ...
Sprichwörter II

Sprichwörter sind alte, kurz gefasste Volksweisheiten in behauptender Form.

Viele Sprichwörter sind uns heute erst nach einigem Überlegen verständlich.

- Unterstreiche jenes Sprichwort einer Gruppe, das dem ersten am ähnlichsten ist, und umschreibe die Bedeutung dieser beiden Sprichwörter.

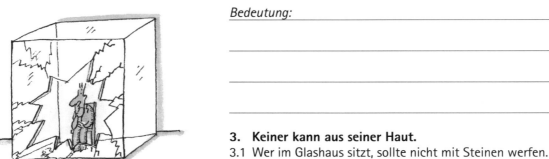

Bedeutung: _____

_____

_____

1. Wie man sich bettet, so liegt man.
1.1 Nach dem Essen soll man ruhn oder tausend Schritte tun.
1.2 Wer rastet, der rostet.
1.3 In den Eimer geht nicht mehr, als er fassen kann.
1.4 Wie man in den Wald hineinruft, so tönt es heraus.

Bedeutung: _____

_____

_____

_____

2. Ein Unglück kommt selten allein.
2.1 Wenn ein Unglück dir geschadet hat, denke nicht, es sei jetzt satt.
2.2 Wer den Schaden hat, braucht für den Spott nicht zu sorgen.
2.3 Glück und Glas, wie leicht bricht das.
2.4 Des einen Glück, des anderen Unglück.

Bedeutung: _____

_____

_____

_____

3. Keiner kann aus seiner Haut.
3.1 Wer im Glashaus sitzt, sollte nicht mit Steinen werfen.
3.2 Vorsicht ist besser als Nachsicht.
3.3 Niemand kann über seinen eigenen Schatten springen.
3.4 Jeder Baum wirft seinen Schatten.

Bedeutung: _____

_____

_____

4. Hast du nicht Pfeile im Köcher, so mische dich nicht unter die Schützen.
4.1 Der Apfel fällt nicht weit vom Stamm.
4.2 Mancher schiesst ins Blaue und trifft ins Schwarze.
4.3 Man soll den Tag nicht vor dem Abend loben.
4.4 Wer einen kleinen Mund hat, erstickt sehr leicht an grossen Bissen.

Bedeutung: _____

_____

_____

5. Geteiltes Leid ist halbes Leid.
5.1 Ein Unglück kommt selten allein.
5.2 Durch Schaden wird man klug.
5.3 Wer nicht hören will, muss fühlen.
5.4 Wer im Schaden schwimmt, hat gern, dass andere mit ihm baden.

Bedeutung: _____

_____

_____

W14 Dem Hungrigen schmeckt alles gut.
Sprichwörter III

Man versteht sie auch heute oft ohne weiteres. Manchmal aber muss man zuerst überlegen, was ein Sprichwort
meint (und oft auch, ob es wirklich eine «Weisheit» aus-
drückt).
Bei der Arbeit mit den folgenden Sprichwörtern wird sich
das zeigen. Du kannst die Aufgabe nämlich nur dann
sicher lösen, wenn du den Sinn der Sprichwörter verstan-
den hast.

**Welche beiden Sprichwörter/Zitate sind dem ersten
jeder Gruppe am ähnlichsten?**

- Unterstreiche in jeder Gruppe jene beiden Sprichwörter,
die dem ersten am ähnlichsten sind, und umschreibe,
was diese drei Sprichwörter besagen.

1. Dem Hungrigen schmeckt alles gut.
1.1 Hunger ist schlimmer als Heimweh.
1.2 Hunger ist der beste Koch.
1.3 Ist der Hunger gross, ist die Liebe klein.
1.4 Durst kann aus Wasser Wein machen.
1.5 Die hungrigen Mücken stechen schärfer.
1.6 Hunger und Harren macht viele zu Narren.

Bedeutung der drei ähnlichen Sprichwörter:

_____

_____

_____

2. Ein ängstlicher Hund wird nicht fett.
2.1 Dem Tüchtigen gehört die Welt.
2.2 Viele Hunde sind des Hasen Tod.
2.3 Selbst das Glück wendet dem Feigen den Rücken.
2.4 Hunde, die bellen, beissen nicht.
2.5 Tue recht und scheue niemand.
2.6 Gleich und Gleich gesellt sich gern.

Bedeutung der drei ähnlichen Sprichwörter:

_____

_____

_____

3. Ende gut, alles gut.
3.1 Besser alt und gesund als jung und krank.
3.2 Ein Werk wird durch das Ende gekrönt.
3.3 Wer zuletzt lacht, lacht am besten.
3.4 Hochmut kommt vor dem Fall.
3.5 Frisch gewagt ist halb gewonnen.
3.6 Man soll den Tag nicht vor dem Abend loben.

Bedeutung der drei ähnlichen Sprichwörter:

_____

_____

_____

Sprichwörter sind in allen Volksschichten umlaufende Sprüche oder Lebensregeln in behauptender Form. Sie wollen eine immer wieder gemachte Erfahrung bündig, bildhaft, einfach und häufig mit treffendem Witz festlegen.

• Ergänze diese Sprichwörter, indem du die Zahl des passenden Worts in die Lücke schreibst.

1 Axt	1 Durch _____ wird man klug.
2 blindes	2 Was ich nicht _____, macht mich nicht heiss.
3 Esel	3 Was Hänschen nicht _____, lernt Hans nimmermehr.
4 Feuer	4 Es ist noch kein _____ vom Himmel gefallen.
5 Fleiss	5 _____ macht den Meister.
6 Schaden	6 _____ krümmt sich, was ein Häkchen werden will.
7 Früh	7 Manchmal findet auch ein _____ Huhn ein Korn.
8 hören	8 Wer keinen _____ hat, der hat Beine.
9 Jungen	9 Wer nicht _____ will, muss fühlen.
10 kämpfen	10 Durch Schaden wird man _____.
11 kennt	11 Gebrannte Kinder scheuen das _____.
12 klug	12 _____ macht erfinderisch.
13 Klugheit	13 Die _____ im Haus erspart den Zimmermann.
14 Kopf	14 Wer _____, der rostet.
15 Laster	15 Müssiggang ist aller _____ Anfang.
16 lernt	16 Was der Bauer nicht _____, das frisst er nicht.
17 loben	17 Er steht wie der _____ am Berg.
18 Mann	18 Er sieht vor lauter Bäumen den _____ nicht mehr.
19 Meister	19 Man soll den Tag nicht vor dem Abend _____.
20 Not	20 Wer _____ lacht, lacht am besten.
21 rastet	21 Der Apfel fällt nicht weit vom _____.
22 Rosen	22 Wie die Alten sungen, so zwitschern auch die _____.
23 Stamm	23 Gegen Dummheit _____ Götter selbst vergebens.
24 Übung	24 Kommt _____, kommt Rat.
25 Wald	25 Gut Ding will _____ haben.
26 Weile	26 Geduld bringt _____.
27 Welt	27 Selbst ist der _____.
28 weiss	28 Dem Tüchtigen gehört die _____.
29 Zeit	29 Ohne _____ kein Preis.
30 zuletzt	30 _____ schützt vor Fehlern nicht.

• Welche Erfahrungen beschreiben diese Sprichwörter?

• Einige Sprichwörter meinen Ähnliches.

F

Formulieren/Stilistik

Glück im Unglück

Auf einer Velofahrt über Land schwabbelte das Vorderrad plötzlich. Der Pneu war platt. Ich hatte weder Flickzeug noch Pumpe dabei. Es blieb mir nichts anderes übrig. Ich musste zu Fuss weitergehen, das Fahrrad schieben. Ich hatte Glück. Ein Lastwagen hielt an. Der Fahrer nahm mich bis zum nächsten Dorf mit. Dort gab es ein Fahrradgeschäft. Man reparierte meinen «Platten».

- Wie beurteilst du diese Beschreibung?

- Schreibe eine eigene Fassung. Achte darauf, dass die Zusammenhänge zwischen den einzelnen Aussagen deutlicher zum Ausdruck kommen.

- Klangprobe: Lies deine Sätze laut und prüfe, ob sie gut «tönen»: Ein Text soll ja nicht nur vom Sinn her «stimmen», sondern auch vom Rhythmus und vom Klang her.

_____

_____

_____

_____

_____

_____

_____

_____

_____

Vor verschlossener Türe

Das Training war vorbei. Ich ging nach Hause. Es war kalt und dunkel. Vor der Haustüre zog ich den Schlüsselbund aus der Tasche. Ich konnte die Schlüssel nicht unterscheiden. Ich probierte den ersten aus. Es war der falsche. Ich wollte es mit dem zweiten versuchen. Der Schlüsselbund rutschte mir aus der Hand. Er fiel ins Blumenbeet neben dem Eingang. Ich suchte ihn eine Weile. Im Haus ging ein Licht an. Damit hatte ich nicht gerechnet. Normalerweise sind an diesem Abend alle weg. Ich läutete erleichtert.

_____

_____

_____

_____

_____

_____

_____

_____

_____

F2 Im Restaurant

Erzählschritte einer Bildergeschichte erfassen (2.6)

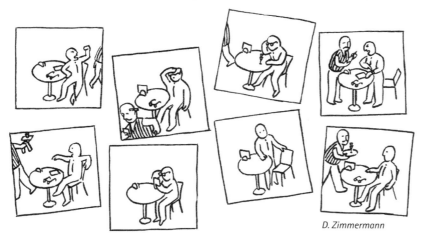

D. Zimmermann

1 _____

_____

_____

2 _____

_____

_____

3 _____

_____

_____

4 _____

_____

_____

5 _____

_____

_____

6 _____

_____

_____

7 _____

_____

_____

8 _____

_____

_____

- In dieser Bildergeschichte stimmt die Reihenfolge nicht. Beschreibe die Erzählschritte des Zeichners, die einzelnen Bilder also.

- Notiere nun in wenigen Worten die Erzählschritte in der richtigen Reihenfolge:

- Vielleicht lässt sich aus diesen Erzählschritten auch mit den Mitteln der Sprache eine Geschichte gestalten.

- Versuche selbst, eine kleine Bildergeschichte zu gestalten.

Die Taschenuhr
Einen Ablauf mündlich beschreiben (2.3)

Einbrecher Knut Krachmann hat mit seinem Werkzeug
geschickt die Tür aufgebrochen, vorsorglich seine
Schuhe ausgezogen und bereits allerhand Diebesgut
in seinem Sack verstaut. Da fällt der Strahl seiner
Taschenlampe auf eine wertvoll aussehende Taschenuhr,
die der Wohnungsinhaber, scheinbar unachtsam,
auf dem Tisch liegen gelassen hat. Knut Krachmann will
sich dieses Prachtexemplar natürlich nicht entgehen
lassen, greift danach – aber in diesem Moment ... Wie
geht die Geschichte weiter?

(aus SPICK, 1982/14)

Illustration aus: Die verrückt perfekte Welt des W. Heath Robinson.
Hamburg und Oldenburg (Stalling)

Der Journalist will die Leser mit diesem Text unterhalten. Er «macht es» spannend, dramatisiert den beobachteten Vorfall.

Kettenreaktion

Fast bleibt mir, der ich an der Bar sitze und einen Fisch verzehre, dabei aber Gelegenheit finde, die Umsitzenden leichthin zu mustern, der
5 Bissen im Hals stecken, als der weisshaarige Herr, den die Kellnerin Herr Doktor nennt und der gerade in einer gewissen Gemütserregtheit seiner Begleiterin einen ausseror-
10 dentlichen Sachverhalt näher bringen will, sich mit beredt illustrierenden Händen in seinem Weinglas verfängt, so dass dieses, offensichtlich von unzulänglicher Standfestig-
15 keit, den Halt verliert, kippt und seinen Inhalt geräuschvoll in den Teller mit dampfendem Fisch ergiesst, den auch der Herr Doktor zu sich nehmen wollte.
20 Der nahe stehende Ober, ganz Aufmerksamkeit, hat das Unglück kommen und sich ereignen sehen und eilt jetzt flugs herbei, um noch Gutzumachendes gutzumachen und sich die
25 Bescherung anzuschauen, die die schrecklichste zu werden sich anschickt. Denn der weisshaarige Stammgast, erschrocken ob dem, was er angerichtet hat, versucht
30 nachzufassen und sein Glas, das schon längst gefallen ist, aufzuhalten, greift jedoch zu weit, gleichzeitig aber auch zu kurz, um nun nicht auch noch seinen mit Fisch und Wein
35 gefüllten Teller auf die andere Seite der Theke dem dort eingelassenen Spülbecken entgegenzustossen.
Das ist für den Ober der Augenblick des beherzten Eingreifens. Sowie er
40 den ihm entgegenkommenden Sturz des Tellers im Ansatz gewahrt, greift er zu, langt aber, weil die Zeit nicht ausreicht, weitere Gefahrenherde in Betracht zu ziehen, in einen Stapel
45 leer gegessener, beim Spülbecken aufgeschichteter Teller. Was einem einzigen Stück hätte förderlich sein sollen, gereicht nun einer Mehrzahl zum Verhängnis.
50 Die Umsitzenden, trotz der Schnelligkeit des Vorgangs längst aufmerksam geworden, verfolgen jetzt mit, wie vier besorgte, durch die sich ereignende Katastrophe flink gewor-
55 denen Hände des Tellersegens habhaft zu werden suchen und sich erst stillhalten, als dieser mehr oder weniger vollständig, wenn auch leider nicht mehr vollkommen auf dem
60 Boden liegt und mangels weiterer Fallgelegenheit zur Ruhe kommt.

Peter Schwaar
Tages-Anzeiger, 25. Mai 1982, S.17

Ein Augenzeuge berichtet

Beschreibe das Ereignis knapp, genau und sachlich in deinen Worten.

_____

_____

_____

_____

_____

_____

_____

_____

_____

_____

_____

_____

_____

_____

_____

_____

_____

_____

_____

_____

_____

_____

_____

_____

_____

Kochan

Die Schriftstellerin Hedwig Courths-Mahler (1867–1950) war eine «Vielschreiberin». Sie schrieb in 34 Jahren 208 Romane: Geschichten von Liebe, Trauer und Abenteuern, stets mit einem Happy End. Die beiden nachstehenden Abschnitte aus ihrem Roman «Die Bettelprinzess» sind typisch für ihren Stil, der unter anderem durch viele schmückende Adjektive geprägt wird.

1 ● Lies diesen Abschnitt laut und versuche zu beschreiben, wie er auf dich wirkt.
   ● Unterstreiche das hervorstechendste Stilmittel: die Adjektive.

Es war an einem regnerischen Sommerabend der Vorkriegszeit. Wie in Dunst und Nebel gehüllt lag das Thüringer Land. Von den Bäumen tropfte es noch nass und schwer.

Am Eingang des hübschen Dörfchens Bodenhausen, an der grossen Fahr-
5 strasse, die vom Bahnhof nach dem Schlosse führte, das den gleichen Namen trug, lag der Gasthof des Örtchens. In schwarzen Lettern prangte stolz über der Tür: «Gasthof zur Weissen Taube».

Das konnte man selbst jetzt in der Dämmerung noch erkennen. Das Haus bot einen sauberen, freundlichen Anblick mit seinen weiss gestrichenen
10 Wänden und grünen Fensterläden. Es lag inmitten eines grossen Gartens.

Courths-Mahler.
IBA Zürich, Keystone Archive Zürich

2 ● Unterstreiche die Adjektive in diesem Abschnitt und setze die rechts aufgelisteten in die Lücken ein.

Die «Weisse Taube» gehörte der Witwe des früheren Besitzers, Frau Martha Schulz. Das war eine saubere, behände Frau, die ihrem Anwesen _____ vorstand und auf Ordnung und Wohlanständigkeit hielt. In den vergangenen Jahren hatte sie sogar zuweilen Sommergäste im Hause, die es sich ein paar
5 Wochen wohl sein liessen in der _____, _____ Gegend. Und ausserdem kamen sonntags wohl auch aus der zwei Stunden entfernten Stadt einige Ausflügler, die in der «Weissen Taube» _____ Kaffee und selbst _____ Kuchen verzehrten. Bei Frau Martha war alles gut, _____ und nicht _____.
10 Es war einige Zeit, nachdem der letzte Zug Bodenhausen berührt hatte, als sich dem noch unbeleuchteten Gasthof eine schlanke, _____ Frau in Trauerkleidern näherte. Sie führte ein etwa fünfjähriges Kind an der Hand. Die Kleine schmiegte sich _____ an die Mutter. «Ich bin so müde – so müde, _____ Mutter», sagte sie schläfrig und
15 gähnte herzhaft. Die _____ Frau beugte sich _____ herab und küsste die Kleine. «Nur ein wenig Geduld, meine kleine Liselotte, gleich wirst du in einem _____ Bettchen liegen und schlafen», sagte sie mit _____ Stimme, in der es jedoch wie von _____ Tränen zitterte.

frisch
gut
jung
lieb
liebevoll
sanft
schlaftrunken
schlank
schön
gebacken
teuer
tüchtig
unterdrückt
waldreich
weich

3 ● Situationsbeschreibung: Beschreibe selbst eine Situation (etwa so wie in Abschnitt 1), aber in deinem eigenen Stil.

   ● Versuche dann eine Variante davon im Stil von Hedwig Courths-Mahler zu verfassen.

   ● Schreibe einen Text mit handelnden Personen (wie in Abschnitt 2).

Märchen, gemäss Lexikon:
(von mhd. maere «Kunde», «Nachricht»)
Kürzere Prosatexte, in denen die Naturgesetze aufgehoben sind und das Wunder vorherrscht. Tiere, Pflanzen und Gegenstände aller Art sprechen und verkehren mit den Menschen auf einer Ebene. Es gibt zaubermächtige Helfer und wunderbare Hilfsmittel. Der Abschluss des M. ist immer befriedigend, von ausgleichender Gerechtigkeit.
Aus: Der grosse Brockhaus

Die alten Märchen in unserer Zeit:
Märchen lassen sich so erzählen, wie man sie schon immer erzählt hat. Sie lassen sich aber auch so erzählen, als ob sie in unserer Zeit stattfänden, wie das Beispiel des Froschkönigs zeigt. Wichtig ist natürlich, dass das Märchenhafte dabei erhalten bleibt.

Der Froschkönig

Es war einmal ein König, der hatte drei Töchter. In seinem Hof aber stand ein Brunnen mit schönem, klarem Wasser. Eines Tages wollte die Älteste
5 daraus ein Glas schöpfen. Da sah sie, dass das Wasser trüb war. Ein Frosch schwamm darin und sprach:
Wann du willst mein Schätzchen seyn,
will ich dir geben hell, hell Wässerlein.
10 Voller Ekel lief die Älteste weg und erzählte der Zweiten vom wunderlichen Frosch. Diese wurde neugierig, ging ebenfalls zum Brunnen und erlebte genau das Gleiche. Erst die Jüngste
15 fasste sich ein Herz und antwortete auf die Bitte des Frosches: Ja doch, ich will dein Schätzchen seyn. Und als sie schöpfte, war das Wasser klar.
In der Nacht hörte sie etwas an der
20 Tür krabbeln. Es war der Frosch, und sie liess ihn herein. Die ersten zwei Nächte schlief er zu ihren Füssen, die dritte Nacht unter ihren Kopfkissen. Am Morgen war er dann plötzlich ein Prinz.
25 Wie märchenhaft waren jene Zeiten, in denen diese Geschichte aufgeschrieben wurde, denn heute bittet der Frosch:
Wann du willst mein Schätzchen seyn,
so gib mir hell, hell Wässerlein.

Hansjörg Schneider

Nico

Erinnerst du dich:
Aschenputtel
Das tapfere Schneiderlein
Der Arme und der Reiche
Der Hase und der Igel
Der Wolf und die sieben Geisslein
Die Bremer Stadtmusikanten
Die drei Brüder
Die Sterntaler
Dornröschen
Frau Holle
Hans im Glück
Hänsel und Gretel
Rotkäppchen
Rumpelstilzchen
Schneewittchen
Tischlein deck dich
...

In einem Zeitungsbericht stand, es sei nicht geklärt, warum oft eine Linde auf den Hügeln beim Hirzel stünde. Vielleicht seien sie von den Bauern als Zeichen der Freude und Dankbarkeit über die Geburt eines Sohnes gepflanzt worden. Darauf schickte eine Leserin den unten stehenden Leserbrief, der eine ganz andere Erklärung für die Linden auf den Hügeln gibt.

Sage:
Ursprünglich mündlich überlieferte Erzählung mit geschichtlichem Hintergrund. Im Gegensatz zum Märchen ist die Sage an einen Ort, an eine bestimmte Zeit oder an eine bestimmte Persönlichkeit gebunden. Die dichterisch geformte Sage wurde zum Heldenlied. Volks- oder Lokalsagen berichten häufig von Begegnungen mit übernatürlichen Wesen.

In der Umgebung gibt es viele Auffälligkeiten, die den Kern einer Sage bilden könnten.

Verena Eggmann/Internationales Baumarchiv, Winterthur

Warum die Linden auf den Hügeln stehen

Niemand im Hirzel weiss, warum die Linden auf den Hügeln stehen! Dabei ist die Geschichte wirklich erzählenswert:
Eines Tages beklagten sich zwei Bauern aus der
5 Gegend bitterlich über die Ungerechtigkeit der Welt, seien doch andere Bauern viel reicher an Grund und Boden und daher auch reicher an Geld.
Da kam ein kleiner, schwarzer Teufel auf sie zu, erschreckte sie tüchtig und fragte dann, ob er ihnen
10 aus ihrem Kummer helfen solle. Die beiden Bäuerlein zitterten und meinten, auch ein viel stärkerer Teufel als er könne ihr Land nicht grösser machen, weshalb sie sich mit ihrem wenigen wohl zufrieden geben müssten, und im Übrigen – das sagten sie erst, als sie
15 sich nicht mehr so sehr fürchteten – solle er sich heimscheren.
Der kleine Teufel war fürchterlich beleidigt und fuhr in die Hölle hinunter und beriet sich mit dem klügsten seiner Brüder. Der hatte selbstverständlich
20 eine Idee, wie den Bauern geholfen werden könne …
Die anderen Brüder wurden alarmiert, und alle machten sich unter dem Boden daran, die Erde auszudehnen.
Und jeder drückte, so gut er konnte, die Erde hoch,
25 und es bildeten sich immer grössere Blasen in deren Oberfläche.

Zuerst freuten sich die Bauern. Es gab tatsächlich mehr Land als vorher, als alles noch eben gewesen war. Aber als sie dann merkten, dass der Boden
30 immer steiler wurde und immer schwieriger zu bearbeiten, da schrien sie Zeter und Mordio und rannten schnurstracks zum Pfarrer.
Der machte ein bedenkliches Gesicht, als er von der Geschichte hörte. Die Teufel könne man nicht von
35 ihrem Tun abhalten, und wenn die Bauern sie geholt hätten, seien sie eben selber schuld. Als die Leute aber gar so betrübt vor ihm standen, hatte er doch Mitleid mit ihnen und erklärte, nur wenn man auf die Spitze eines jeden der neuen Hügel einen heiligen
40 Baum, eine Linde, pflanze, sei die Gefahr gebannt. Wenn nämlich eine Linde auf der Oberfläche stehe, könne auch der stärkste Teufel die Erde nicht mehr ausdehnen.
Und so geschah es dann. Die Teufel fuhren wieder
45 in die Hölle zurück, weil sie ja gegen die Linden nichts ausrichten konnten. Und die Leute von dort – die haben seither nie mehr etwas mit dem Teufel zu tun gehabt.
Ich habe diese Geschichte in meiner Schulzeit so
50 gehört, und sie hat mir immer gut gefallen, vielleicht gefällt sie dir auch.

Barbara Wächter, Zürich

Die Schülerinnen und Schüler einer ersten Sekundarklasse erhielten den Anfang einer Geschichte von Franz Hohler mit dem Auftrag, diese Geschichte in 80 Minuten zu Ende zu erfinden und sie mit einem Titel zu versehen. Ein Mädchen hat die Aufgabe so gelöst (der vorgegebene Anfang ist kursiv gedruckt; die Schreibweise der Schülerin ist unverändert):

Die Geistervögel

Eines Nachts, als Frau Scholl allein zu Hause war, hörte sie im Estrich Schritte. Zuerst tat sie so, als merke sie nichts, aber als die Schritte nicht
5 *aufhörten, wurde es ihr unheimlich, es konnte schliesslich ein Einbrecher sein. Da fasste sie sich ein Herz, nahm die Pistole ihres Mannes aus dem Nachttischchen, stieg die Treppe hin-*
10 *auf, öffnete vorsichtig die Tür, drückte ganz rasch auf den Licht-schalter und rief: «Hände hoch!»* Doch es war nichts zu sehen. Sie lauschte gespannt, doch sie sah und hörte
15 nichts. Ein bisschen ängstlich lief sie Schritt für Schritt durch den Estrich und schaute hinter allen Ecken und Schränken nach. Immer noch hielt sie das Gewehr fest in der Hand, den
20 Finger auf dem Abzug. Da! Ein Geräusch hinter dem grossen Schrank. «Wer ist da?» rief sie ziemlich erschrocken. Ihr Herz klopfte immer schneller und schneller. Doch
25 alles blieb ruhig. Ist da nicht ein Schatten? Sitzt dort hinter dem Schrank nicht jemand? Langsam näherte sie sich dem Schrank. Aber weder hinter, noch auf oder im
30 Schrank war etwas. Nichts, alles ruhig. Eine Weile stand sie ganz still, doch als sich nichts rührte, ging sie, immer noch mit dem Gewehr in der Hand, ganz langsam zur Türe, löschte

35 das Licht und zog blitzschnell die Türe zu. Plötzlich kam ihr alles so unheimlich vor. Sie stieg ganz vor-sichtig die Treppe hinunter. Doch es war alles so wie vorher. Sie zündete
40 das Cheminée an und setzte sich davor. Das Gewehr hielt sie immer noch in der Hand. Die Wärme tat ihr gut. Sie dachte nach. Was würde ein Einbrecher denn hier wollen? Sie
45 besass ja gar «nichts». Waren es überhaupt Schritte? oder war es viel-leicht eine ... Weiter kam sie nicht. Schon wieder ein Geräusch. Diesmal hörte sie genau hin. Nein, es waren
50 keine Schritte. Es war etwas anderes. Als ob jemand ... Sie konnte es sich nicht erklären. Für einen Moment war alles ruhig. Da war es wieder. Jetzt wurde es Frau Scholl unheim-
55 lich. Noch einmal stieg sie, mit dem Gewehr in der Hand, die Treppe hi-nauf, öffnete vorsichtig die Türe und drückte ganz rasch auf den Licht-
59 schalter. Aber alles war so wie vorher. Da! Da war dieses Geräusch schon wieder. War es vielleicht auf dem Dach? Unten hörte man eine Türe zuschlagen. Frau Scholl wurde es heiss und kalt zugleich. Dann rannte
65 sie die Treppen hinunter. Es war ihr Mann. Wie erleichtert war sie darü-ber! Herr Scholler war ganz über-rascht. Seine Frau stand totenbleich und im Nachthemd vor ihm, im Che-
70 minée brannte ein Feuer und überall brannte das Licht. Aber noch über-raschter war er, als er das Gewehr sah. «Um Gottes willen», sagte er, «was war denn hier los?» Er nahm
75 seine Frau, die stotternd versuchte, alles zu erklären, in den Arm. Dann gingen sie zusammen in den Estrich, aber diesmal ohne Pistole. «Da! Da war das Geräusch schon wieder»,
80 sagte Frau Scholler. Da fing ihr Mann an zu lachen. Da fragte sie ganz ent-setzt, was es denn da zu lachen gäbe. Ihr Mann sagte, als er sich ein wenig beruhigt hatte, dass es nur die
85 Vögel auf dem Dach seien. «Was?», rief seine Frau. «Die ganze Aufregung nur wegen den Vögeln?» Irgendwie wurde ihr ganz schlecht. Als ihr Mann wieder anfing zu lachen,
90 stimmte sie ein. Das waren also die Geister?!

Gaby Schilling

- Markiere im Text Stellen, die dir besonders gut gefallen.

- Schreibe der Verfasserin in einem kurzen Kommentar, wie dir ihr Text gefällt. Nenne darin auch jene Stellen, die dir besonders gut gefallen, und erkläre, was dir gefällt, was du schön, gut gelungen, spannend, originell ... findest.

- Selbst in einem Text, der einem als Ganzes gut gefällt, stösst man auf Stellen, die man selbst nicht so formuliert hätte. Überprüfe, ob es in «Die Geistervögel» solche Stellen gibt, und markiere sie. Wie würdest du diese Stelle formu-lieren?

- Was sagst du zum Titel?

- Einige Details stimmen nicht mit dem Anfang überein. Gemerkt?

«Du bist so schweigsam heute am Tisch», sagte die Mutter zu ihrem Sohn.
Er schaute nicht auf und bemerkte nur kurz: «Die Suppe ist halt gut.»
«Dieses Kompliment überrascht mich», erwiderte sie und blickte ihn an,
«sonst hat mein Herr Sohn doch eher zu meckern als zu loben.»

- Schreibe diesen Text in indirekter Rede als Anfang der folgenden Geschichte.

_____

_____

_____

_____

_____

Aber sie sei trotzdem gut. Dann blieb es eine Weile ruhig
am Tisch. Ob Herr Kern angerufen habe, fragte der Sohn
unvermittelt. Wieso denn Herr Kern? Herr Kern hätte doch
noch nie angerufen, sie kennten ihn ja kaum. Warum
5 er sie denn ausgerechnet heute anrufen sollte, wollte der
Vater wissen.
Einfach so; Herr Kern könne doch anrufen, wenn er wolle.
Sein Sohn entwickle eine scharfe Logik, erwiderte
der Vater etwas spitz. Sie sollten doch jetzt keine Sache
10 machen aus nichts und wieder nichts, beschwichtigte
die Mutter.
Da läutete das Telefon. Die Eltern gaben sich einen Blick;
der Sohn widmete sich mit Aufmerksamkeit den letzten
Teigwareneinlagen seiner Buchstabensuppe.
15 Er solle abnehmen, sie wolle unterdessen anrichten, und
er sollte nicht zu lange machen. Der Vater meldete sich
am Telefon, man hörte längere Zeit nichts, dann bedankte
und verabschiedete er sich.
Wieder am Tisch, sagte er, Herr Kern lasse freundlich
20 grüssen; die Sache mit dem Velo und seinem Auto
sei nicht so schlimm, wie er befürchtet hätte, ein kaum
sichtbarer Kratzer; ein Auto sei ja nur ein Auto; die
Hauptsache sei, dass es dem Knaben nichts gemacht
habe.
25 Er sei gar nicht schuld gewesen, beteuerte der Sohn und
schob den Suppenteller zurück. Die Mutter mahnte,
er sollte doch beim Velofahren ums Himmels willen auf-
passen. Und der Vater fügte bei, Velofahrer seien immer
die Schwächeren.
30 Ob er noch etwas Suppe wolle, fragte die Mutter
verschmitzt lächelnd, sie sei doch heute besonders gut.
Der Sohn lehnte dankend ab und lächelte zurück.

In der indirekten Rede steht das Verb
grundsätzlich im Konjunktiv:
Er sei schweigsam, sagte die Mutter.
(→ Ü11)

Die Pronomen wechseln sinngemäss
die Person:
*Er sei so schweigsam,
sagte die Mutter.*
*«Du bist schweigsam»,
sagte die Mutter.*

Zeichensetzung in der direkten Rede:
(→ Ü23)

- Setze im oben stehenden Text die indirekte Rede
um in direkte Rede.

- Spielt die Szene und schreibt anschliessend den Text
in Dialogform auf.

Textverständnis T

Willis Elefanten
Zusammenhänge im Text erkennen/Wortschatz (2.4)

Zwischen den Sätzen und Wörtern eines Texts bestehen vielfältige Beziehungen. Fehlen in einem Text einzelne Wörter, können wir sie aus dem Textzusammenhang heraus meistens ziemlich genau herausfinden. Auch in den drei folgenden Geschichten ist dies möglich, obschon recht viele Wörter fehlen.

Die kurze Geschichte vom langen Hals

_____ Giraffe war es lange Zeit gut

_____. Eines _____ aber

verspürte sie den starken _____, einen

langen Hals zu _____. Sie wusste nicht,

5 _____ der Wunsch kam. Darum vertraute

sie sich dem Vogel an, _____ häufig auf ihr ritt

und sich _____, _____ er

von einem Flug ermüdet _____. «Du _____

ja schon einen _____ _____», sagte der

10 Vogel. «Ja, ja», sagte _____ _____,

«_____ den Wunsch _____ ich

_____ los.»

Maria und Mario

_____ Marienkäferchen landete auf einem Blatt

und saugte dort _____ Laus _____. Da kam

ein zweites Marienkäferchen her _____

und _____: «Was machst du da?» –

5 «Ich sauge _____ Laus _____.» – «Das tönt

aber _____: ‹Laus aussaugen›.» –

«Ich _____ das nicht lustig.» – «Wie heisst du

eigentlich?», wollte das zweite Käferchen

_____. «Blöde Frage. Das weiss

10 _____ jeder, _____ mich jetzt die Laus

_____.» Das Käferchen _____

die Augen und labte sich _____ Lausaussaugen.

Das andere Käferchen _____ dem

ersten Käferchen eine _____ zu, und dann sagte

15 es: «_____ ist das eine blöde Frage, wenn ich

dich frage, wie du heisst?» – «_____ jeder weiss, dass

ein Marienkäferchen Maria_____.» – «Wie

heisst denn du?», _____ das Marienkäferchen.

«Ich? – Mario.» – «Mario? Mariokäfer _____

20 es gar nicht.» – «Mich gibt es nicht?» Erschreckt flog

Mario _____ und wäre

_____ abgestürzt.

Willis Elefanten

Willi war unser Schulkollege. Wir _____,

er sei ein schlechter Schüler, _____ er Mühe

_____ beim Lesen. _____ er konnte gut

Geschichten _____. Wahre Geschichten.

5 Er _____ in einem alten Haus _____

einem kleinen Spielpark, den wir _____ Kindergarten

her kannten. _____ Tages _____ uns

Willi in der grossen Pause, _____ hätten zu Hause

Elefanten. – Richtige Elefanten? – Ja, richtige.

10 _____ nicht gewöhnliche. Es _____ weisse

Elefanten, sagte er. Am nächsten freien Nachmittag wollten wir zu Willi _____. Das heisst, nur die Buben.

Die _____ sagten, das mit den Elefanten

_____ gelogen. Aber wir _____ sie sehen.

15 Es sei heute _____ günstig, sagte Willi. Vater sei

zu Hause und _____ nicht die halbe Schulklasse

im Garten, das _____ die Tiere nur nervös.

Und _____ sie nervös seien, seien sie gefährlich.

Und übrigens stimme das mit _____ weissen

20 Elefanten gar nicht. Sie _____ nämlich rosarot.

Aber auch die _____ Elefanten

_____ wir nie zu sehen. Als wir nämlich

hingingen, _____ endlich die Elefanten zu bestaunen,

hatte sie eben ein Zirkusdirektor _____.

25 Rosarote Elefanten waren _____ selten.

Willi hatte ein Goldstück dafür _____.

Er zeigte es _____. Er hatte es in Silberpapier

_____, _____ es war

sehr _____.

Max Huwyler

• Stelle selbst aus einer kurzen Geschichte oder einer Zeitungsmeldung Lückentexte her. Öffne möglichst viele Lücken, aber so, dass der Ausgangstext gerade noch wieder hergestellt werden kann.

Da stimmt doch etwas nicht

Unstimmigkeiten in Witzen herausfinden (2.4)

1 Mutter zu Georg: «Ich hoffte, dass du deinem kleinen Bruder das kleinere Stück Kuchen geben würdest. Sogar ein altes Huhn lässt die grössten Stücke seines Futters den jüngeren Hühnern.»
Georg: «Das würde ich ja auch machen, wenn es Würmer wären.»

2 Der Lehrer auf der Schulreise: «Was denkt ihr, wie viele Schafe weiden auf dieser Wiese?»
Franz: «Dreihundertsechsundachtzig Stück!»
Lehrer: «So was! Wie hast du das nur herausgefunden?»
Franz: «Ganz einfach: ich habe die Köpfe gezählt und dann durch vier geteilt.»

3 An einer Orchesterprobe unterbricht ein Flötist immer wieder sein Thema, obwohl er an dieser Stelle das Notenheft umblättern muss. Da herrscht ihn der Dirigent an: «Wenn Sie die paar Noten nicht auswendig spielen können, dann lassen Sie sich doch von Ihrem Nachbarn helfen!» Beim nächsten Mal war an dieser Stelle wieder nichts von der Flöte zu hören, dafür laut und deutlich die Stimme des Flötisten: «Ich dank auch schön, Herr Kollege.»

4 Helga hat einen Albtraum: Ein riesenhafter, kahlköpfiger, zähnefletschender Mann kriecht brüllend unter ihrem Bett hervor, richtet sich auf und will sich auf sie stürzen. «Um Gottes willen!», schreit er, «was wollen Sie von mir?» «Das fragen Sie mich?», wundert sie sich. «Sie haben mich doch geträumt.»

5 Vater beim Frühstück: «Das war ein fürchterliches Gewitter letzte Nacht, nicht wahr, mein Sohn?»
Sohn: «Ja, so ein Geknalle!»
Mutter: «Warum hast du mich nicht geweckt? Du weisst doch, dass ich bei Gewittern nicht schlafen kann!»

6 Drei ältere Herren, die nicht mehr so gut sehen, treffen sich.
«Windig heute, nicht?»
«Nein, es ist Donnerstag.»
«Genau wie ich! Lasst uns eine Tasse Tee trinken.»

7 «Was hast du in deiner Tasche?»
«Käsebrote.»
«Gibst du mir eines?»
«Nein.»
«Und wenn ich errate, wie viele es sind? Gibst du mir dann eines?»
«Ja, in Ordnung. Wenn du die genaue Anzahl errätst, gebe ich dir beide.»
«Sechs.»

8 Willy fühlt sich recht wohl, obschon er während der dreistündigen Bahnfahrt rückwärts zur Fahrtrichtung gesessen hat.
«Warum hast du nicht dein Gegenüber gefragt, ob ihr die Plätze tauschen könnt?», fragte die Mutter.
«Das konnte ich nicht», antwortete Willy, «da sass gar niemand.»

9 Anton sieht seinen ehemaligen Schulkollegen, der in der Schule nicht gerade geglänzt hatte, schwungvoll aus einem funkelnagelneuen Sportwagen steigen.
Er wundert sich: «Donnerwetter, dir scheint es ja blendend zu gehen.»
«Ja, mein Lieber, mein Geschäft geht bestens. Ich kaufe Kisten zu dreissig Franken das Stück und verkaufe sie wieder für fünfzig Franken. Von diesen zwanzig Prozent lebe ich sehr gut.»

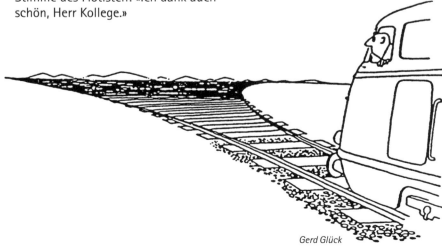

Gerd Glück

- In den meisten dieser Witze stimmt etwas nicht. Wie lauten sie richtig?

- Welche Witze sind nicht verändert worden?

Alle Zeugen sind einvernommen. Du hast alle Feststellungen vor dir und kannst den Kriminalfall lösen, wenn du richtig kombinierst.

1 Der Bankraub in Holzburg wurde am Freitag, dem 12. November, um 8.00 Uhr entdeckt. Die Bank hatte am Tag zuvor um 17.00 Uhr geschlossen.

2 Frau Elisabeth Müller, eine Angestellte der Bank, entdeckte die Tat.

3 Der Tresor der Bank war mit Dynamit aufgesprengt worden.

4 Der Leiter der Bank hatte Schwierigkeiten mit seiner Frau, die sein ganzes Geld ausgab. Er hatte oft davon gesprochen, sich scheiden zu lassen.

5 Die Vordertüre der Bank war mit einem Schlüssel geöffnet worden.

6 Nur der Hausmeister und der Vorsitzende besassen Schlüssel zur Bank.

7 Frau Müller besorgte sich häufig den Schlüssel vom Vorsitzenden, um früher in die Bank zu kommen, wenn sie besonders viel Arbeit zu erledigen hatte.

8 Eine fremde Person, ein Tramper, war am Donnerstag, dem 11. November, um die Bank gestrichen und hatte Angestellte und Kunden beobachtet.

9 Am Mittwoch, dem 10. November, war auf dem Gelände der Baufirma Xaver Moll & Co. eingebrochen und eine Menge Sprengstoff gestohlen worden.

10 Ein Angestellter der Firma, Hans Feldmann, sagte, dass er am Mittwochnachmittag einen fremden Typ in der Nähe des Geländes der Firma beobachtet habe.

11 Der Tramper, sein Name war Thomas Steiner, wurde von der Polizei 30 km von Holzburg entfernt verhaftet. Man stellte fest, dass er wegen Diebstahls bereits vorbestraft war.

12 Als man Thomas Steiner festnahm, hatte er 300 Euro bei sich. Als sich die Polizei näherte, warf er ein Päckchen in den Fluss neben der Strasse.

13 Hans Feldmann ist der Bruder von Frau Elisabeth Müller.

14 Frau Klemm, Besitzerin einer Boutique in Holzburg, sagte aus, dass sie Thomas Steiner für 300 Euro selbst hergestellten Schmuck abgekauft habe, um ihn in ihrer Boutique zu verkaufen.

15 Frau Klemm sagte weiter aus, sie habe Thomas Steiner am Spätnachmittag des 11. November kennen gelernt, als dieser ihr in ihrer Boutique den Schmuck angeboten habe. Da dieser offensichtlich gerade über wenig Geld verfügte, habe sie ihn mit zu ihren Eltern genommen, wo Herr Steiner auch übernachtet habe. Am Morgen des 12. November sei er wieder weitergereist, nachdem sie ihm den Schmuck abgekauft habe.

16 Als die Polizei versuchte, den Hausmeister der Bank, Herrn Gross, ausfindig zu machen, musste sie feststellen, dass dieser offensichtlich verschwunden war.

17 Frau Müller gab an, dass ihr Bruder Hans, als er am Donnerstag nach Feierabend heimfuhr, Herrn Gross aus der Bank laufen sah.

18 Herr Gross wurde am Mittag des 12. November bei seinem erkrankten Vater 200 km von Holzburg entfernt von der Polizei verhört. Er war am 11. November gegen 17.00 Uhr dort mit seinem Auto angekommen.

19 Die Schwester von Herrn Gross bestätigte die Ankunftszeit. Sie hatte ihrem Bruder ein Telegramm wegen der plötzlichen schweren Erkrankung ihres Vaters geschickt.

20 Dr. Hofer besass als Einziger einen Schlüssel zum Tresor der Bank.

21 Frau Müller war die Sekretärin des Leiters der Bank.

22 Herr Feldmann war Lohnbuchhalter bei der Baufirma Xaver Moll & Co., zugleich war er für die Sprengstoffvorräte verantwortlich.

23 Herr Dr. Hofer hatte einen Halbbruder, Stefan Norden, der schon immer auf den Erfolg seines Bruders eifersüchtig war.

24 Stefan Norden war Freitagabend immer betrunken.

25 Es war bekannt, dass Stefan Norden eine Menge Schulden hatte.

26 Stefan Norden und Herr Gross besuchten die gleiche Schule.

27 Frau Müller sagte aus, dass Herr Gross oft mit ihr geflirtet habe.

28 Herr Gross hatte einmal erklärt, dass man in die Bank leicht einbrechen könne, weil die Sicherheitsmassnahmen nicht ausreichend seien.

29 Herr Gross übernachtete bei seiner Schwester.

30 Der Leiter der Bank, Dr. Albert Hofer, reiste ab, ehe der Raub entdeckt wurde. Er wurde am 12. November nachmittags von der Polizei in Nordstadt, 400 km von Holzburg entfernt, verhört.

31 Herr Dr. Hofer nahm am Abend des 11. November an einer Vorstandssitzung seiner Bank in Nordstadt teil. Sie begann um 19.30 Uhr.

32 Die pünktliche Anwesenheit Herrn Dr. Hofers an der Vorstandssitzung wurde durch verschiedene Zeugen bestätigt.

33 Herr Hofer benutzte den Zug, um nach Nordstadt zu gelangen. Es war nicht möglich, in der Zeit von 24.00 bis 6.00 Uhr von Nordstadt nach Holzburg und umgekehrt zu fahren.

Mann über Bord

Der Wind wehte nicht so stark. Bei einem Schlingern des Schiffes verlor der Matrose, angetrunken und leichtfertig tänzelnd, das Gleichgewicht und stürzte
5 von Deck. Der Mann am Ruder sah den Sturz und gab sofort Alarm. Der Kapitän befahl, ein Boot auf das mässig bewegte Wasser hinunterzulassen, den langsam forttreibenden Matrosen zu retten.
10 Die Mannschaft legte sich kräftig in die Riemen, und schon nach wenigen Schlägen erreichten sie den um Hilfe Rufenden. Sie warfen ihm einen Rettungsring zu, an den er sich klam-
15 merte. Im näher schaukelnden Boot richtete sich im Bug einer auf, um den im Wasser Treibenden herauszufischen, doch verlor der Retter selber den Halt und fiel in die Fluten, während eine
20 ungeahnt hohe Woge das Boot seitlich unterlief und umwarf. Der Kapitän gab Anweisung, auf die Schwimmenden und Schreienden mit dem Dampfer zuzufahren. Doch kaum hatte man damit
25 begonnen, erschütterte ein Stoss das Schiff, das sich schon zur Seite legte, sterbensmüde, den stählernen Körper aufgerissen von einem zackigen Korallenriff, das sich knapp unter der
30 Oberfläche verbarg. Der Kapitän versackte wie üblich zusammen mit dem tödlich verwundeten Schiff.
Er blieb nicht das einzige Opfer: Haie näherten sich und ver-
35 schlangen, wen sie erwischten. Wenige der Seeleute gelangten in die Rettungsboote, um ein paar Tage später auf der unübersehbaren Menge salziger

40 Flüssigkeit zu verdursten. Der Matrose aber, der vom Dampfer gestürzt war, geriet unversehens in eine Drift, die ihn zu einer Insel trug, auf deren Strand sie den Erschöpften warf; dort wurde er ge-
45 funden, gepflegt, gefeiert als der einzige Überlebende der Katastrophe, die er selber als Folge der Kesselexplosion schilderte, welche ihn weit in die Lüfte geschleudert habe, sodass er aus der
50 Höhe zusehen konnte, wie die Trümmer mit Mann und Maus versanken.
Von dieser Geschichte konnte der Über-lebende auf jener Insel trefflich leben; Mitleid und das Hochgefühl, einen seines
55 Schicksals zu kennen, ernährten ihn. Nur schien den Leuten, dass sein Ver-stand gelitten haben musste: Wenn ein Fremder auftauchte, verschwand der Schiffbrüchige, erblassend und zitternd
60 und erfüllt von einer Furcht, die keiner deuten konnte; ein stetes Geheimnis und daher ein steter Gesprächsstoff für die langen Stunden der Siesta.

Günter Kunert

- Schildere den Unglücksverlauf in deinen eigenen Worten.

- Versuche, dich in die Lage der Überlebenden zu versetzen, und erzähle den Inselbewohnern den Unglücksverlauf.

- Wie erklärst du dir die Furcht und das merkwürdige Verhalten des Überlebenden beim Auftauchen eines Fremden auf der Insel?

- «Mann über Bord» ist der Bericht über eine «schreckliche» Kata-strophe. Woran liegt es, dass sich beim Lesen dennoch Schmunzeln einstellt? Markiere Stellen, die zeigen, dass der Bericht doch nicht ganz so ernst gemeint ist.

Bruno Traven: Der Grossindustrielle (Lesen 2, S.160)

– Lies diese Geschichte zuerst in aller Ruhe durch.
Beantworte dann die Fragen, und zwar so, dass der Platz dafür ausreicht.

1 In welchem Land, in welchem Staat und in welchem Dorf lebt der Indianer?
Land: _____ Staat: _____ Dorf: _____

2 Nenne drei Tätigkeiten, mit denen der Indianer seinen Lebensunterhalt verdient:

2.1 _____

2.2 _____

2.3 _____

3 Wie lange arbeitet der Indianer an einem Körbchen? _____

4 Wofür mochte man die Körbchen in der Stadt verwenden, wo sie der Indianer verkauft?

_____

5 Der Indianer hat keinen festen Preis für seine Körbchen. Auf dem Markt verlangt er pro Stück
höchstens _____ Centavos, beim Hausieren im Dorf geht er bis auf _____ Centavos herunter.
An einem guten Markttag kann der Indianer 20 Körbchen zum Höchstpreis verkaufen.
Dann muss er die Händlerkosten bezahlen. Seine Tageseinnahme beträgt also _____ Centavos.

6 Ein Peso ist mehr/weniger wert als ein Centavo. (Falsches durchstreichen)

7 Als der Amerikaner die Körbchen entdeckt, schätzt er den Stückpreis auf _____.

8 Nenne einen Grund, warum der Amerikaner gleich 14 Körbchen auf einmal kauft.

_____

_____

9 Der Amerikaner betrachtet die Körbchen als originelle Geschenkpackung für Schokolade.
Wie beschreibt sie der Verfasser der Geschichte?

_____

_____

10 Es gibt schliesslich keinen Handel zwischen dem Indianer und dem Amerikaner, da beide bei ihren
sehr unterschiedlichen Preisvorstellungen bleiben. Und zwar jeder aus seiner Sicht zu Recht,
was auch für den Leser verständlich ist. Erkläre kurz, warum beide aus ihrer Sicht Recht haben:

Der Indianer hat Recht, weil _____

_____

_____

Der Amerikaner hat Recht, weil _____

_____

_____

11 Bei wem liegt die Sympathie des Verfassers? Zitiere eine Textstelle, wo sich das zeigt.

_____

_____

_____

Flucht nach Apulien

Die folgende Geschichte ist eine Erfindung des Schriftstellers Lukas Hartmann. Sie ist 1987 in der Jugendzeitschrift «Spick» unter der Rubrik «Natur und wir» erschienen, und zwar unter dem Motto «eine Geschichte, die nie stattfinden darf». In der Einleitung sagt «Spick», es gehe dem Schriftsteller um die Sorge um die Natur, um die Zukunft unserer Umwelt, und: «Ein Zipfelchen von den Schrecken, die er beschreibt, haben wir erlebt, als das ukrainische Kernkraftwerk von Tschernobyl in Brand geriet.»

Den Strahlenmesser kaufte Pa erst im Tessin, irgendwo bei Biasca. Da macht so ein Typ das Geschäft seines Lebens. Er hatte neben dem Pannen-
5 streifen einen Stand aufgebaut, und während die Kolonne im Schritt-tempo vorwärtskroch, trieb er unentwegt die Preise in die Höhe. Pa erfeilschte sich, glaube ich,
10 das zweitletzte Gerät. Er gab dem Typ dafür Mas Brillantring und eine Menge Traveller-Cheques, so unge-fähr unser halbes Vermögen. Mehrere Kilometer vor dem Zoll war die Auto-
15 bahn rettungslos verstopft. In neun Stunden kamen wir knapp vierhun-dert Meter voran, stellt euch das vor! Dann schwirrte das Gerücht durch die Gegend, sie hätten die Grenze
20 endgültig geschlossen, so wie vorher schon in Jugoslawien. Pa überredete uns, den Golf stehen zu lassen und zu Fuss weiterzufliehen, obgleich Ma im Moment ziemlich schwach auf
25 den Beinen ist. Andere taten das Gleiche; so einen komischen Mana-gerheini sah ich heulend Abschied nehmen von seinem feinen Mercedes-Coupé.

30 Wir beschränkten uns aufs aller-nötigste Gepäck. Ich schleppte die Segeltasche, Pa den kleinen Koffer. Zum Glück kam mein Walkman mit; ohne ihn wär ich längst ausgeflippt.
35 Kaum von der Autobahn herunter, waren wir wieder mitten im Gedrän-ge. Auf jedem freien Fleck versuchten Leute zu campieren. Es war wie in einem Film über Nomaden. Pa, mit
40 Sperberblick auf den Strahlenmesser, wollte weiter südwärts. Hier zu campieren, sagte er, sei kriminell. Ein anderer Schleimtyp – der trug Blue-jeans und ein Goldkettchen – machte
45 sich an uns heran und anerbot sich, uns nachts schwarz über die Grenze zu führen. Das kostete beinahe die andere Hälfte unseres Vermögens. Aber Pa überliess ihm ungerührt das
50 ganze Bargeld in Schweizer Franken. Wir werden uns schon durchschla-gen, sagte er; Hauptsache, wir halten die Strahlendosis so niedrig wie möglich.

55 Der Schlepper erwartete uns gegen Mitternacht an der Ortstafel Mendrisio. Wir hatten geglaubt, wir seien die Einzigen, aber es standen noch etwa zwanzig andere herum,
60 die dumm genug gewesen waren, diesen Wucherpreis zu bezahlen. In Einerkolonne marschierten wir los. Stundenlang gings kreuz und quer, auf Strässchen und Trampelpfaden,
65 über abgeerntete Maisfelder, unter Zäunen hindurch. Wenn ich Ma nicht gestützt hätte, wäre sie vor Erschöpfung umgefallen. Pa nahm mir die Segeltasche ab, aber
70 irgendwann warf er sie einfach in den Strassengraben, und ich konnte nur noch denken: Ade, Zahn-bürste, ade, ihr lieben Dire-Straits-Kassetten. Mir blieb noch die mit den
75 Falco-Songs; die hör ich jetzt immerzu. Im Morgengrauen trotteten wir einem Waldrand entlang, da sagte der Typ, wir seien in Bella Italia, und husch hatte er sich
80 dünngemacht. Ma legte sich gleich hin, um ein Stündchen zu schlafen, und Pa und ich setzten uns, mit einem Prügel über den Knien, neben sie, bis wir ebenfalls einschliefen.

85 Als ich erwachte, waren wir umringt von irgendwelchen Bauern, die bedrohlich auf uns einredeten. Ausser Buon giorno und Vino kann keiner von uns viel Italienisch;
90 trotzdem verstand ich, dass sie nicht im Traum daran dachten, uns aufzunehmen. Ganz Italien wimmelt jetzt von Flüchtigen aus dem Norden. Da liegts auf der
95 Hand, dass sie uns nicht gerade um den Hals fallen vor lauter Freude. Pa streckte dem Wortführer ein paar zusammengefaltete Lirascheine hin, deutete auf Mund und Magen
100 und fragte nach Corned Beef. Der Wortführer besah sich das Geld; dann sagte er etwas von Polizia und machte eine ablehnende Ge-bärde. Wir müssen hier weg,
105 sagte Pa. Gut, sagte ich, rappeln wir uns eben auf. Die Männer folgten uns eine Weile; dann wurde es ihnen zu blöd. Ausserhalb ihrer Sichtweite öffnete Pa den Koffer. Darin waren
110 zirka dreissig Büchsen Coke und Sprite, die Ma noch gehamstert hatte, bevor wir abgehauen waren.

Eine Family, die sich uns angeschlossen hatte, bekam von uns eine
115 Büchse Sprite im Tausch gegen drei Büchsen Ravioli. Getränke, die garantiert clean sind, steigen jetzt von Tag zu Tag im Wert. Ohne feste Nahrung kannst du nämlich
120 dreissig Tage überleben, ohne Flüssigkeit nur drei oder vier.

Im nächsten Dorf, das wir erreichten, wollten wir den Bus nehmen, der nach Milano fuhr. Der Fahrer hinder-
125 te uns aber am Einsteigen, und erst als die beiden Familienväter ihn gemeinsam bestachen, machte er uns Platz. Der Bus war total vollgepfercht, denn der Fallout hatte
130 inzwischen die Po-Ebene erreicht. Eine Nonna, an deren Knie ich gepresst wurde, steckte mir verstohlen eine Birne zu. Ich tat so, als freue ich mich; aber nachher warf
135 ich sie weg: Becquerel weit über Toleranzgrenze, meldete Pas Strahlenmesser. Die Halle im Hauptbahnhof von Mailand war noch voller als voll, die reinste
140 Sardinenbüchse. Zehntausend Kinder schrien nach verloren gegangenen Papis und Mamis, und machtlose Carabinieri trillerten auf ihren Pfeifen. Wie durch ein Wunder
145 gelang es uns, den einzigen Zug zu erwischen, der an diesem Tag nach Rom fuhr. Wahrscheinlich half Pa wieder mit seinen Lira-Noten nach (die sind jetzt
150 bald aufgebraucht, sagt er).

Etwa die Hälfte der Passagiere waren Schweizer und Süddeutsche. Man erkannte sie daran, dass sie die besten Plätze besetzt hatten oder
155 einander, irgendeines freien Winkels wegen, Beleidigungen an den Kopf warfen. Junge Mailänder kletterten samt Gepäck auf die Wagendächer hinauf oder hielten sich, auf den
160 Trittbrettern stehend, irgendwo fest.

Wir quetschten uns mit knapper Not in den Gepäckwagen hinein. Die Gesichter, die uns dort drin anglotzten, verrieten, dass sie uns am
165 liebsten ins Pfefferland gewünscht hätten. Dennoch gabs ein paar rettende Hände, die nach Ma griffen, als wir sie hinaufzuhissen versuchten. Allerdings verfing sich dabei ihr
170 schicker Mantel an einem Haken und zerriss. Egal, unser Hab und Gut geht ohnehin zum Teufel. Jemand legte Ma später sogar eine Wolldecke über die Schultern, und ihr glaubts
175 nicht: da hörte sie endlich zu weinen auf. Von Sitzen war natürlich für Pa und mich keine Rede. Eingekeilt wie im Bus zur Stosszeit standen wir da. Mit der Zeit vergass ich sogar,
180 wie unangenehm es ist, wenn ein Nachbar aus dem Mund riecht.

Als der Zug sich in Bewegung setzte, sah er vermutlich aus wie ein Riesenreptil, an dem sich jede Menge
185 Zecken festgebissen haben. Wir fuhren ziemlich lange so dahin. Ich weiss seit dieser Fahrt, dass ich Kleinkinder, die dauernd quengeln, ebenso wenig ausstehen kann
190 wie irgendwelche rot geschminkten Ladys, die glauben, sie seien was Besseres und dauernd über ihr Schicksal jammern. Ehrlich, da lob ich mir unsere Ma: Die sass mit
195 zusammengepressten Beinen auf unserm Getränke-Koffer und sagte kein Wort; nur ab und zu hatte sie einen Hustenanfall. Meine durchgerüttelte Blase flehte mich an,
200 endlich entleert zu werden. Aus

einigen Ecken stank es schon mächtig, das kann ich euch verraten. Als der Zug endlich hielt, drängte ich mich hinaus und pisste an den Bahn-
205 damm.

Wir befanden uns auf flachem Gelände; zum Glück regnete es immer noch nicht. Pa, der mir gefolgt war, behauptete, wir seien nächstens
210 in Arezzo, jedenfalls noch lange nicht in Rom. Dann waren wir plötzlich von Soldaten umzingelt, die ihre Gewehre und Pistolen auf uns richteten. Das fuhr mir ganz schön in die
215 Knie. Ein paar Offiziere kontrollierten unsere Pässe. Wer keinen italienischen Pass hatte, musste aussteigen und sich in eine Schlange stellen, die immer länger wurde. Einer der Basler
220 protestierte ziemlich schrill gegen diese Behandlung. Man hörte ein kurzes Kommando, und ein gekonnter Schlag mit dem Gewehrkolben streckte ihn nieder. Es gab ein biss-
225 chen Aufruhr und Gekreisch, vor allem bei den Damen; doch dann beeilten sich alle, den Soldaten zu gehorchen, was auch ich, ehrlich gesagt, für das Beste hielt.

230 Wir wurden zu wartenden Camions getrieben, auf die Ladefläche hinaufbugsiert, und dann gings los, holterdipolter über Feldwege, die hauptsächlich aus Schlaglöchern
235 bestanden. Es war Nacht, als wir im Lager ankamen. Dass es ein Lager sein werde, hatte Pa schon vorher angekündigt. Die wollen uns loswerden, sagte er, wir sind für die ein-
240 fach eine neue Welle von Ökoflüchtlingen. Zuerst lassen sie uns eine Zeit lang im Lager schmoren, dann spedieren sie uns, wenn wir Glück haben, nach Algerien oder
245 in den Sudan. Sie könnten uns hier ja warten lassen, sagte Ma, bis die Schweiz wieder bewohnbar ist. Pa lachte, und ich lachte auch,

obgleich ich gar nicht wollte. Das
250 dauert Jahrzehnte, sagte er,
will das noch immer nicht in deinen
Schädel hinein? Ma nickte ergeben
und sagte, ihr sei schlecht; das sei
bestimmt der Anfang der Strahlen-
255 krankheit. Sie war übrigens nicht die
Einzige, die diesen bellenden
Husten hatte. Pa beruhigte sie, so
gut er konnte; aber ich merkte,
dass sie ihm nicht glaubte. Die
260 Baracken waren, das sah man ihnen
an, in kürzester Zeit errichtet
worden, Stacheldrahtzäune ringsum,
Wachttürme mit Suchscheinwerfern.
Der Strahlenmesser zeigte einiger-
massen beruhigende Werte an. Über-
265 lebenschance fifty-fifty, sagte Pa
und zwinkerte mir zu.

Wir beide bezogen Baracke Nr. 21
und erkämpften uns zwei Pritschen
nebeneinander. Ma kam in eine
270 Frauenbaracke, das war nicht zu
ändern. Wenigstens gab es zum
Abendessen einen Teller Spaghetti.
Ohne Sugo und ohne Reibkäse mag
ich sie sowieso lieber. Der Koffer
275 mit Sprite und Coke wurde uns leider
weggenommen. Pa bekam dafür
eine Quittung. Überhaupt lieben die
hier nichts so sehr wie den Büro-
kram. Wir mussten am nächsten
280 Morgen ununterbrochen Formulare
ausfüllen, jedes Mal mit drei
verschiedenfarbigen Durchschlägen.
Zum Glück konnte einer in der
Baracke die Fragen für uns überset-
285 zen. Besonders genau wollten sie
Bescheid wissen

über unsere Fluchtgründe und den
Grad unserer Gefährdung. Als ob das
nicht klar genug wäre!, rief Pa. Aber
es half nichts: Wir mussten alles
290 haarklein aufschreiben, und weil
wirs auf Deutsch taten, wurden wir
von den uniformierten Aufsichts-
personen dauernd angeschnauzt. Sie
wollten auch wissen, wie unsere
295 Vorfahren – bis zurück zu den Ur-
grosseltern – geheissen hatten
und von wo sie gekommen waren.
Deswegen behaupteten einige,
nur wer italienische Vorfahren habe,
300 dürfe damit rechnen, im Land zu
bleiben. Aber so einen Casanova
bloss zu erfinden, bringe auch nichts,
sagte Pa; die würden nämlich
bestimmt alle unsere Angaben in
305 ihren Archiven nachprüfen.

Ihr glaubt es nicht: Jetzt sitzen wir
hier schon seit zehn Tagen fest. Und
nichts geschieht – ausser dass die
Millirems wieder zugenommen
310 haben und dass sie die Lagerinsassen,
die am schlimmsten dran sind, jeden
Morgen mit Rotkreuz-Autos weg-
transportieren. Wir werden vor Lan-
geweile noch versauern. Wies Ma
315 geht, weiss ich nicht. Einmal, beim
obligatorischen Spaziergang rund
ums Lager, hab ich ihr von weitem
zugewinkt. Oder war es gar nicht sie?
Pa und ich schmieden Pläne, wie wir
320 uns am besten aus dem Staub
machen können. Er hat jetzt auch zu
husten begonnen, und er meint, wir
müssten uns, um sicher zu sein, bis
nach Apulien oder Kalabrien durch-
325 schlagen. Mit oder ohne Ma? Darüber reden wir nicht. Wir brauchen
dringend eine Drahtschere. Und
natürlich unverseuchte Nahrungs-
mittel. Und dicke Mäntel; denn jetzt
330 werden die Tage kälter.

Ein paar Landsleute sind schon abgehauen, auch solche aus unserer
Baracke. Ob sie die wirklich mit Poli-
zeihunden verfolgen? Ich stell mir
335 vor, wie wir unsere Bewacher über-
listen (ein paar Tricks habe ich mir
schon ausgedacht) und wie wir uns
als blinde Passagiere auf einen
Lastenzug schmuggeln. Sobald es
340 nach Orangen riecht, springen wir ab,
vielleicht in der Nähe von Taranto
oder Gallipoli, weil das so schöne
Namen sind. Dann geraten wir, jetzt
ist auch Ma wieder dabei, in eine
345 steinige und einsame Gegend, wo
Ziegenherden unter Olivenbäumen
weiden. Unsere Mägen knurren. Da
kommt uns eine alte Frau mit
schwarzem Kopftuch entgegen, eine
350 wahre Runzelhexe, die lächelt uns an
und gibt uns Ziegenkäse und Wasser
aus einem Krug, und dann führt sie
uns zu einem Haus, öffnet die Tür
und sagt: Hier könnt ihr bleiben. Und
355 jedes Mal, wenn sie das sagt, drehe
ich Falco auf und will gleich wieder
vergessen, dass jemand diesen Satz
sagen könnte.

Markus Wyss

Flucht nach Apulien

Lies die Geschichte «Flucht nach Apulien» von Lukas Hartmann zuerst einmal aufmerksam durch. Beantworte dann die nachstehenden Fragen. Lies dabei immer wieder im Text nach, denn alle Fragen lassen sich vom Text her beantworten. Formuliere deine Antworten so, dass der Platz auf den leeren Linien dafür ausreicht.

1 Wovor ist diese Familie auf der Flucht?

_____

2 In welcher Jahreszeit spielt sich die Flucht ab?

_____

3 Eine Person, der Erzähler, berichtet in der «Ich-Form» von der Flucht, von sich selbst und von seiner Familie. Wie viele Personen umfasst diese Familie mit dem Erzähler?

Sie umfasst ____ Person(en).

4 Was erfahren wir über den Erzähler?
(Der Verfasser, der Autor ist der Schriftsteller Lukas Hartmann. Unter Erzähler hingegen versteht man die Person im Text, die uns das Geschehen erzählt.)

_____

_____

_____

_____

5 Welches sind die Lieblingsmusiker bzw. Lieblingskassetten des Erzählers?

_____

6 Nenne zwei «Hauptinteressen» (Ziele), welche die Flucht der Familie leiten.

_____

_____

_____

7 Wofür gibt der Vater die zwei Hauptanteile des Geldes aus?

_____

_____

8 Warum hat die Familie als «Proviant» nur Getränkebüchsen mitgenommen?

_____

_____

_____

9 Wie heisst die Ortschaft im Tessin, wo sie die Grenze überqueren?

_____

10 Was bedeutet der Husten, der zuerst die Mutter, dann auch den Vater befällt?

_____

_____

T7 Flucht nach Apulien V
Fragen zum Text

11 Wie heissen die zwei im Text genannten Masseinheiten für die Strahlendosis?

_____

12 Wie verhalten sich die Schweizer und die Süddeutschen im Zug nach Rom?
   Bezeichne ihr Verhalten mit zwei passenden Adjektiven.

_____

13 Warum befürchtet der Vater, dass die Familie nach Afrika abgeschoben werden könnte?

_____

_____

_____

14 Warum wirft der Erzähler die geschenkte Birne weg?

_____

15 Warum will der Vater keinen «Casanova» (= italienischer «Frauenheld») unter die Vorfahren
   der Familie «schmuggeln»?

_____

_____

_____

16 Auf welche Weise ergattert sich die Familie einen Platz im Bus?

_____

_____

17 Überlege und zähle auf, auf welche verschiedenen Weisen sich die Familie bewegt auf ihrer Flucht in den Süden.

_____

_____

_____

18 Von welcher Stelle an vermischen sich die «Fluchtwirklichkeit» und der «Traum»
   des Erzählers? Schreibe die ersten sechs Wörter dieses Satzes auf.

_____

19 Ist «Ma» auf dem «geträumten» Fluchtteil auch dabei?

_____

20 Als was für eine Art von Flüchtlingen betrachtet man die Familie nach der Meinung des Vaters in Italien?

_____

Zum Schluss ein paar Denkanstösse zur Arbeit an diesem Thema:

- Wie reagieren heutige Schüler auf dieses Thema?
- Wie verhalten wir uns gegenüber Flüchtlingen?
- Was würdest du mitnehmen, wenn du fliehen müsstest?
- Aus welchen anderen Gründen sind/waren Menschen auf der Flucht?

Diverses

D

Eine Gemeinde in Flughafennähe begrüsst ihre Bewohner auf diese Art:

○ *It is a great pleasure to welcome you in our town*

○ *Vi ønsker Dem hjertelig velkommen i dette sogn*

(16) **Vi ønsker Dere hjertelig velkommen i denne kommune**

(22) **Vi önskar Er hjärtligt välkommen i denna kommun**

(8) Tervehtimme Teitä tässä kunnassa

○ **Wy heten u welkom in deze stad**

○ Wir begrüssen Sie in dieser Gemeinde

○ *grüezi bi u eus z Opfike*

(3) ДОБРЕ ДОШЛИ В НАШИЯ ГРАД !

(21) *МЫ ПОЗДРАВЛЯЕМ ВАС В НАШЕИ ВОЛОСТЬ*

(28) ***Mahallemize yeni gelenleri selamlar, «hos geldiniz!» deriz***

○ ברוכים הבאים בעיר שלנו

(30) 我们问候您们在這鄉

○ هذه المدينة ترحب بكم

(1) نحن نحييكم في هذه البلدة

○ 我们熱烈欢迎你在這行政區域

(14) 当市へ ようこそ おいで下さいました

(10) ΚΑΛΩΣ ΟΡΙΣΑΤΕ ΣΤΗΝ ΚΟΙΝΟΤΗΤΑ

(15) *Apsveican Jūs mūsu drauzē*

(29) ***Üdvözöljük önöket ebben a városban***

(27) *Zdravime vas v tomto městě*

(24) *Mi vas lepo pozdravljamo u našoj Občini*

(17) ***Nasze miasto powita was bardzu serdecznie***

○ Soyez les bienvenus dans notre ville d'Opfikon

○ **Il nostro comune vi saluta cordialmente**

(26) *A la salüdum in stû comün*

(18) **Bem-vindo a Opfikon**

○ In cordial beinvegni en nies marcau

(20) Vă salutăm în acest oraç

○ Bienvenidos a nuestra comunidad

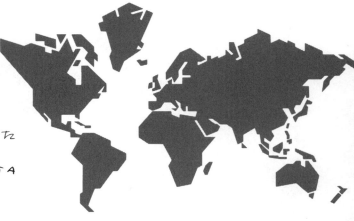

1 Ägyptisch	11 Hebräisch	21 Russisch
2 Arabisch	12 Holländisch	22 Schwedisch
3 Bulgarisch	13 Italienisch	23 Zürcher Mundart
4 Chinesisch	14 Japanisch	24 Serbokroatisch
5 Dänisch	15 Lettisch	25 Spanisch
6 Deutsch	16 Norwegisch	26 Tessiner Dialekt
7 Englisch	17 Polnisch	27 Tschechisch
8 Finnisch	18 Portugiesisch	28 Türkisch
9 Französisch	19 Romanisch	29 Ungarisch
10 Griechisch	20 Rumänisch	30 Vietnamesisch

- Welche Sprachen kannst du den Texten sicher zuordnen?

- Suche Gemeinsamkeiten.

- Was weisst du von einzelnen dieser Sprachen?

- Sprachkarten findest du im geografischen Atlas.

Von Ausflügen und Reisen
kann man Wörter als Souvenirs
nach Hause mitnehmen.

Bei den Wahrnehmungsübungen auf diesem Blatt geht es darum, sich etwas gut anzuschauen, es sich einzuprägen und es dann aus dem Gedächtnis wieder darzustellen.

Du betrachtest eine Darstellung während einer halben Minute, deckst dann das Feld zu und reproduzierst diese Darstellung im Feld rechts daneben möglichst originalgetreu. Vergleiche nachher das Original und deine Kopie. Verändere dabei aber nichts mehr.

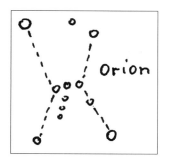  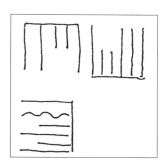 

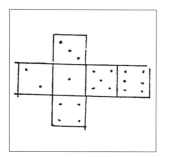   

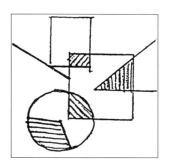   

1. Versuch   *2. Versuch*   *3. Versuch*

Ihm fiel ein schwerer Stein vom Herzen. – Leider auf die Füsse.

ottos mops trotzt
otto: fort mops fort
ottos mops hopst fort
otto: soso
Ernst Jandl

13 «Quizfragen»

1 Gibt es den ersten August auch in England?

2 Wenn du ein einziges Streichholz und eine Streichholzschachtel hast und einen dunklen Raum betrittst, in welchem sich eine Kerze, eine Petrollampe und ein Holzofen befinden, was zündest du zuerst an?

3 Sieben Monate im Jahr haben 31 Tage. Wie viele haben 28 Tage?

4 Wie viele Geburtstage hat ein normaler Mensch?

5 Ein Mann hat ein Haus, dessen Seiten alle nach Süden weisen. Es kommt ein Bär vorbei: Welche Farbe hat er?

6 Ein Bauer hat 17 Schafe. Alle ausser 9 Schafen sterben. Wie viele lebende Schafe hat er noch?

7 Was ist richtig: a) Ein elektrischer Gasherd oder b) ein elektrischen Gasherd?

8 Wie viele Tiere aller Tierarten hat Moses in seine Arche genommen?

9 Ist es in China erlaubt, die Schwester seiner Witwe zu heiraten?

10 Kann ein Mann, der westlich von Paris lebt, östlich von London begraben worden sein?

11 Wie viele Rillen hat eine Langspielplatte ungefähr?

12 Wer sagt: «Du bist mein Sohn, ich aber nicht dein Vater»?

13 Erhält ein Nachtwächter, der am Tag stirbt, trotzdem eine Rente?

Ernst Buchwalder, Luzern

A Welches ist die richtige Schlussfolgerung zu jeder Gruppe von Aussagen?

1. Wer ist die Grösste?
Corinne ist grösser als Anna.
Anna ist kleiner als Bianca.
Corinne ist kleiner als Bianca.

2. Wer ist die Schnellste?
Martina ist schneller als Claudia.
Karin ist langsamer als Steffi.
Steffi ist gleich schnell wie Martina.
Regula ist schneller als Steffi.

3. Wer ist der Ärmste?
Alfred ist ärmer als Charly.
Jörg ist reicher als Alfred.
Bert und Jörg haben gleich viel Geld.

4. Wer ist der Schwächste?
Rolf ist so stark wie Markus.
Ernst ist schwächer als Kurt.
Markus ist stärker als Ernst.
Rolf ist weniger stark als Toni.

B Welche Folgerung ergibt sich ohne zusätzliche Angaben aus der Grundaussage?

**1. Der Dackel Max ist 30 cm hoch und wiegt 5 kg.
Ein Blindenhund muss mindestens 40 cm hoch sein.**
1.1 Dackel wiegen verhältnismässig wenig.
1.2 Max ist kleiner als der Durchschnitt.
1.3 Max ist kein Blindenhund.
1.4 Blindenhunde sind grösser als andere Hunde.
1.5 Dackel werden selten als Blindenhunde verwendet.

2. Bei mehr körperlicher Betätigung muss auch die Kalorienzufuhr gesteigert werden, damit der Körper leistungsfähig bleibt.
2.1 Wer viel isst, bewegt sich viel.
2.2 Ausserordentliche Bewegung fordert mehr Kalorien.
2.3 Vor jeder körperlichen Betätigung muss man genügend essen.
2.4 Sportler sind umso besser, je mehr kalorienreiche Nahrung sie zu sich nehmen.
2.5 Ein leistungsfähiger Körper verbraucht am Tag etwa 8000 Joule.

3. Vor 30 Jahren brauchte ein Arbeiter 5 Stunden zur Herstellung eines Stuhls, heute braucht er 30 Minuten.
3.1 Der Mensch ist fleissiger geworden.
3.2 Aus Angst vor Arbeitslosigkeit wächst die Leistungsbereitschaft.
3.3 Stühle haben heute eine geringere Lebensdauer.
3.4 Arbeiter verfügen über mehr Freizeit.
3.5 Moderne technische Hilfsmittel verkürzen die Herstellungszeit von Stühlen.

4. Im Sommer kommt es auf der Strecke Luzern – Lugano oft zu Verkehrsstauungen.
4.1 In den Sommermonaten ist diese Strecke überlastet.
4.2 Die Autobahn hat zu wenig Fahrspuren.
4.3 Während der Sommermonate wird der Strassenbelag oftmals ausgebessert.
4.4 Touristen, womöglich mit Anhänger oder Wohnwagen, fahren oft zu langsam.
4.5 Lugano ist und bleibt ein beliebtes Ferienziel.

5. Alkohol am Steuer ist die Ursache für viele Verkehrsunfälle.
5.1 Die Autofahrer trinken zu viel.
5.2 Mit mehr als 0,4 Promille Alkoholgehalt im Blut sollte man nicht mehr fahren.
5.3 Das Unfallrisiko nach Alkoholgenuss liegt bei über 50 Prozent.
5.4 Alkohol beeinträchtigt die Fahrtüchtigkeit.
5.5 Die Polizei sollte mehr Alkoholkontrollen durchführen.

Gewusst wie

Der Schlossermeister demonstrierte seinem Lehrling, wie sich innert
10 Minuten ein Kettenglied so öffnen und wieder verschliessen lässt,
dass überhaupt keine Spuren zurückbleiben.
Der Junge passte offenbar sehr gut auf, denn für seinen ersten eigenen
Versuch benötigte er nur gerade 11 Minuten.
Der Meister war selbstverständlich beeindruckt von dieser Leistung.
Er beauftragte den Lehrling gleich damit, sechs Kettenstücke mit
je vier Gliedern zu einer einzigen Kette zusammenzufügen. Er gab ihm
dafür 55 Minuten Zeit, denn es galt ja, fünf Glieder zu bearbeiten.
Der Lehrling machte sich unverzüglich an die Arbeit und übergab seinem
Chef schon nach 44 Minuten die fertige Kette.
«Donnerwetter! Du bist ja noch schneller als ich!», rief der Schlosser erstaunt
aus.
«Nein. Ich bin nicht schneller», antwortete der Lehrling, «denn ich brauche
immer noch 11 Minuten, um ein Glied zu bearbeiten. Aber in der Wahl
der Methode unterscheiden wir uns!»

Drei Damen in Rot, Weiss und Schwarz

Frau Weiss, Frau Schwarz und Frau Rot treffen sich.
«Das ist aber merkwürdig», stellt die eine fest, «wir tragen Kleider
mit den Farben unserer Namen: weiss, rot und schwarz.»
«Tatsächlich», erwidert die Dame mit dem roten Kleid,
«aber keine von uns trägt das Kleid, das ihrem Namen entspricht.»
«Wie eigenartig», findet auch Frau Weiss.
Welche Dame trägt nun welches Kleid?

pwe Kinoarchiv Hamburg

Anwältin, Astronomin und Biologin?

Drei Frauen verraten ihre Berufe, ihre Vornamen und ihre Wohnorte,
allerdings verschlüsselt, so dass etwas Nachdenken nötig ist,
um herauszufinden, wer die Anwältin, wer die Astronomin und
wer die Biologin ist. Die Aussagen der drei Frauen lauten:
«Unsere Vornamen sind Annabelle, Bea und Berta.

Auch unsere Wohnorte beginnen mit A oder B. Die eine wohnt nämlich
in Aarau, die andere in Baden und die Dritte in Basel. Bei zwei von
uns beginnen Beruf und Wohnort mit gleichen Buchstaben wie der Name.

Ausserdem verraten wir: Bea fährt nur selten nach Basel, obwohl alle
ihre Verwandten dort wohnen.
Noch etwas: Der Ehemann der Anwältin ist der jüngere Bruder von Bea.»

Wie lauten nun die Vornamen der Anwältin, der Astronomin und
der Biologin und wo wohnen sie?

Zauberei?

Ein Magier hat drei Schachteln vor sich. Die Öffnungen sind mit einem Tuch
überdeckt. In jeder Schachtel befinden sich zwei Kugeln, und zwar in der
ersten zwei weisse, in der zweiten zwei schwarze und in der dritten eine
schwarze und eine weisse. Das steht auch so auf den Etiketten der Schachteln
angeschrieben.
Nun erlaubt der Zauberer, dass die Kugeln beliebig vertauscht werden. Allerdings verlangt er, dass nachher wieder je zwei Kugeln in jeder Schachtel
sind, aber nun so, dass nun keine Etikette mehr stimmt. Nach dem Austausch
dürfen also beispielsweise in der Schachtel mit der Aufschrift «schwarz/weiss»
nur entweder zwei weisse oder zwei schwarze Kugeln liegen.
Das sind die Voraussetzungen für das Kunststück, das er nun ankündigt:
Er behauptet, er brauche nur eine Kugel aus einer der drei mit den Tüchern
abgedeckten Schachteln zu nehmen, um den Inhalt aller drei Schachteln
vollständig bestimmen zu können. Wie macht er das?

Wer Freude an Denksport-Aufgaben hat, findet mehr davon in:
Peter Hammer: Denk-Würdiges. Zürich 1988

Übertrage den Text «Eine Frau und ein Mann...» – im Schülerbuch auf 3.13 –
in Punktschrift in den unten stehenden Raster. Benütze dazu die Zeichentabelle
auf 3.13.

E I N E   F R A U   U N D   E I N   M A N N   ST IE G E N

I N S   T R A M .

" M EI N   G O T T ,

Um abtastbare, also erhabene Punkte zu bekommen, hält man das Blatt mit
der bedruckten Seite gegen ein Fenster, auf diese Weise scheinen die Punkte durch.
Nun kann man mit einem Kugelschreiber oder einer Stricknadel die Punkte
von hinten anstechen, so, dass sie sich nach vorne auswölben. Damit das Papier
nach vorne nachgeben kann, legt man zwischen Scheiben und Vorlage ein
Löschpapier oder zwei, drei Blätter nicht zu hartes Papier.

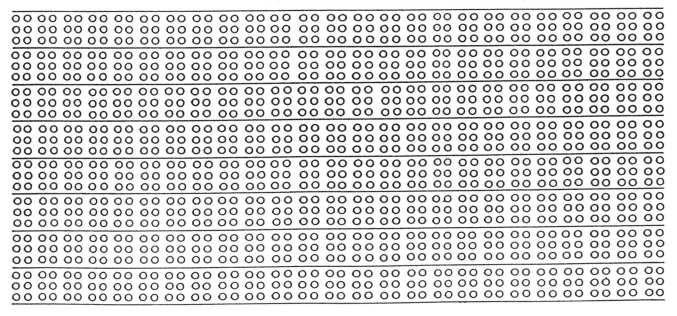

Schreibe oder wähle für dieses Feld einen eigenen Text (max. 200 Buchstaben
und Satzzeichen). Übertrage den Text in Punktschrift in den Sechspunkteraster.
Die Zeichen findest du auf 3.13. Dann verwandelst du den Text in abtastbare
Blindenschrift nach den oben stehenden Angaben. Nun sollen andere deinen
Text lesen können.

Eignungen / Neigungen herausfinden (3.19)

• Lies den nachstehenden Fragebogen durch und beantworte die Fragen. Später kannst du das wieder tun. Bewahre den Fragebogen auf (z.B. im Berufswahltagebuch), dann kannst du vergleichen.

• Kreuze im linken Feld die positive und im rechten die negative Antwort an. Das mittlere Feld markierst du, wenn du dich weder für eine positive (+) noch für eine negative (–) Antwort entscheiden kannst.

Talente und Fähigkeiten

	+	±	–

1 Handfertigkeit
Wie geschickt bin ich beim Basteln, Reparieren oder Herstellen von Dingen und Einrichtungen?

2 Körperliche Arbeit
Bewege ich mich gern, übe ich gern körperliche Tätigkeiten aus? Bin ich gern im Freien?

3 Konzentration
Kann ich mich gut auf etwas konzentrieren; auch bei Beschäftigungen, die mich nicht besonders interessieren?

4 Auffassungsgabe
Wie schnell begreife ich eine Aufgabe, gewinne ich Überblick über ein Thema?

5 Gedächtnis
Erinnere ich mich gut an gelernte Wörter, Texte, Sachverhalte?

6 Fantasie
Habe ich beim Schreiben von Aufsätzen, beim Zeichnen, beim Lösen von praktischen Problemen Einfälle, Ideen?

7 Sprachliche Begabung
Formuliere ich leicht? Gelingt es mir, etwas genau auszudrücken? Kann ich meine Meinung gut vertreten?

8 Mathematische Begabung
Wie gut begreife ich Rechen-, Algebra-, Geometrie-, Physikaufgaben? Kann ich gut mit Zahlen und mathematischen Formeln umgehen? Liegt mir das logische Denken, das Kombinieren und «Tüfteln»?

9 Zeichnen und Gestalten
Wie begabt bin ich im Zeichnen und Gestalten? Wie gut gelingen mir die Dinge beim Gestalten und Zeichnen?

10 Begabung für technische Fragen
Begreife ich die Zusammenhänge und das Funktionieren von Apparaten, Einrichtungen und Werkzeugen leicht?

11 Vorstellungsvermögen
Kann ich mir gut vorstellen, wie Gegenstände auf Plänen und Skizzen in Wirklichkeit aussehen?

12 Organisationstalent
Gelingt es mir, meine Zeit einzuteilen, Schularbeiten und Freizeitbeschäftigung zu planen?

D8 Ebnet

Deutung von Flur- und Ortsnamen (4.2)

1 Schreibe aus dem Kartenausschnitt Siedlungsnamen heraus (Namen von Dörfern und Weilern).

_____

_____

2 Welche Namen sind von «roden/reuten» und von «brennen» abgeleitet?

_____

_____

3 Welche Namen sagen etwas über die Bodenform aus?

_____

_____

_____

4 Zeichne einige dieser Formen.

5 Lies Benennungen heraus, die etwas mit der Bebauung des Bodens zu tun haben.

_____

_____

6 Lies Benennungen heraus, die etwas mit Wald zu tun haben.

_____

_____

7 Lies Benennungen heraus, die etwas mit Wasser zu tun haben.

_____

_____

8 Mehrere Bauernhöfe wurden nach ihrer Lage benannt. Erläutere. Beispiel: Der «Sunnehof» liegt an einem Südhang.

_____

_____

_____

9 Es gibt Familiennamen, die von Flur- und Siedlungsnamen abgeleitet sind. Suche auf dem Kartenausschnitt.
Oft gibt es Abarten. Beispiel: Felder und Imfeld sind abgeleitet von «Feld».

_____

_____

D9 Kreuze
Deutung eines Symbols (5.4)

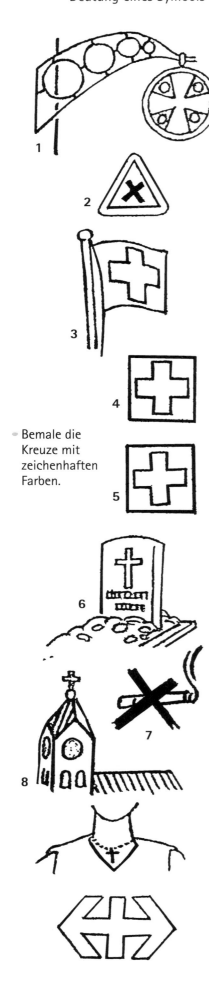

Bemale die Kreuze mit zeichenhaften Farben.

● Bezeichne die Kreuze. Umschreibe, was man damit sagen will.

1 _____

_____

2 _____

_____

3 _____

_____

4 _____

_____

5 _____

_____

6 _____

_____

7 _____

_____

8 _____

_____

9 _____

_____

10 _____

_____

Wörter und Redensarten mit «Kreuz»

_____

_____

_____

_____

_____

```
Johansen, Hanna                                    JOHA
    Zurück nach Oraibi: Roman / Hanna Johansen.
    Lizenzausgabe. — Zürich: Ex Libris, 1988
    238 S.


J  B                                               2264
Indianer; Amerika; Gesellschaft
```

```
Born, Günter                                        681
    PC für Kids: Ein Rundflug um den Computer:
    Von 8 bis 88 / Günter Born.
    — Bonn: International Thomson Publ., 1995
    302 S.; Ill.; 1 Diskette


J  S                                               3944
Informatik; Computer
```

○ Welche Informationen kannst du den Karteikarten (oben) und den Angaben des Computerkatalogs (unten) entnehmen?
(B = Belletristik; S = Sachbuch; J = Jugendliche; E = Erwachsene)

```
POPP, Georg (Hrsg.)                              921(09)
    Die Grossen der Welt / Georg Popp; unter der Mitarb. von Barbara
    Bartos-Höppner (u.a.). – 2. Aufl. – Würzburg: Arena, 1987 – 816 S.;
    Ill.
    ISBN 3-401-04221-1

    J  S                                            5295
    Biografie; Weltgeschichte
```

```
SIEGE, Nasrin                                       SIEG
    Shirin: Roman / Nasrin Siege. – Weinheim: Beltz & Gelberg, 1996. –
    147 S.
    ISBN 3-407-79698888-6

    J  B                                           25050
    Iran; Mädchen; Ausländer; Kind / Entwicklung
```

```
LAMBERT, David                                        57
    Tiere und Pflanzen: Grosse Wunder und Rekorde / Von David Lambert. –
    Sonderausg. – Köln; Buch und Zeit, 1995. – 46 S.; Ill.; 31 cm
    Aus dem Engl. – ISBN 3-8166-0276-2

    J  S                                           24004
    Zoologie; Botanik; Rekorde; Wunder
```

WL

Wortlehre

Der, die oder das?
Nomen mit «zwei Geschlechtern» (4.16)

Es gibt Nomen, die je nach Geschlecht etwas anderes bedeuten.

→ Schreibe zu den nachstehenden Nomen eine Worterklärung gemäss
dem Beispiel. Benütze dazu ein Bedeutungswörterbuch oder den Duden 1.

1 die Kiefer: *Die Kiefer ist ein Nadelbaum.*
   der Kiefer: *Der Kiefer ist ein Schädelknochen.*

2 der Kunde:
   die Kunde:

3 die Band:
   das Band:

4 die Weise: 1.   2.
   der Weise:

5 das Tau:
   der Tau:

6 die Taube: 1.   2.
   der Taube:

7 der Tessin:
   das Tessin:

8 die Heide:
   der Heide:

9 das Reis:
   der Reis:

10 das Tor:
   der Tor:

11 die Leiter:
   der Leiter:

12 das Erbe:
   der Erbe:

13 das Gehalt:
   der Gehalt:

14 die Steuer:
   das Steuer:

15 das Stift:
   der Stift:

16 die Mark:
   das Mark:

Setze den richtigen Artikel vor die nachstehenden Nomen.
Wenn du unsicher bist, schlägst du im Duden 1 nach.

_____ Angel	_____ Efeu	_____ Kamin	_____ Prozent
_____ Ball	_____ Giraffe	_____ Lineal	_____ Rückgrat
_____ Bank	_____ Lüge	_____ Spital	_____ Butter
_____ Mais	_____ Spitz	_____ Spitze	_____ Bleistift
_____ Kies	_____ Dessert	_____ Käfig	_____ Null
_____ Wachs	_____ Radio	_____ Griess	_____ Kaffee

Taube füttert Taube.

„Tor!", schrie das Tor.

„Warum so leise summst du die Weise?", fragte die Weise.

In der folgenden Geschichte fehlen Wörter. Sie sind am linken Rand so angegeben, wie man sie im Wörterbuch findet: im Nominativ.

- Schreibe diese Wörter in der passenden Form in den Text hinein.
- Bestimme nun den Fall der eingesetzten Ausdrücke und kreuze ihn in der entsprechenden Kolonne an.

| | Akkusativ (wen/was?) | Dativ (wem?) | Genitiv (wessen?) |

Keine Angst vor dem Wolf

die rote Strickmütze
das Haus
seine Grossmutter
das Velo

der Wald, der Vortag
der heftige Regen
das Dorf
seine Liebe
dieser Wald

der Wolf

der Besuch
es, die Grossmutter

die raue Strasse
eine Lichtung

seine Furchtlosigkeit
das Unterholz
die Pfoten

meine Grossmutter, du
du

die üble Tat
schlechter Ruf

ein besseres Licht

du

das sichere Auftreten

das Sträusschen

Das Mädchen mit _____ kam
aus _____. Es hatte im Sinn, ins Nachbardorf
zu _____ zu gehen.
«Pass auf mit _____», hatte die Mutter gemahnt, denn
sie sorgte sich sehr um ihr Kind. Das Mädchen musste den
Weg durch _____ nehmen, denn seit _____
war die Hauptstrasse gesperrt wegen _____.
Der Wald begann gleich oberhalb _____.
Dank _____ zur Natur kannte es sich in
_____ gut aus.
Im Wald begegnete es dem Förster. «Fürchtest du dich nicht
vor _____?», scherzte er.
«Bei uns gibt es doch keine Wölfe.»
«So, so. Seit ihr Kinder Krimis anschaut im Fernsehen, glaubt ihr
nicht mehr an Märchen.»
«Meinen Sie? – Nun muss ich aber gehen, die Grossmutter wartet
auf mich. Auf Wiedersehen.»
Das Mädchen freute sich auf _____, denn zwischen
_____ und _____ gab es so etwas
wie eine Freundschaft. Es musste sich beeilen, es hatte versprochen,
etwa um drei Uhr bei ihr zu sein. Das Mädchen trat tüchtig
in die Pedale. Trotz _____ kam
es gut vorwärts. Plötzlich meinte es, jenseits _____
einen dunklen Schatten vorbeihuschen zu sehen. «Eine
Täuschung», sagte es vor sich hin. Die Freude
über _____ dauerte nicht lange, denn
tatsächlich kam nun doch ein Tier aus _____
stellte sich mitten auf die Strasse; zwischen _____
lag ein Sträusschen Waldblumen, mit Sorgfalt gebunden.
«Wohin gehst du?», fragte der Wolf.
«Zu _____. Aber ich sage _____ nicht, wo sie
wohnt.» – «Ich habe lange auf _____ gewartet», sagte der Wolf.
«Nimm das Sträusschen und bring es deiner Grossmutter. Seit
Generationen wartet hier ein Wolf auf ein Rotkäppchen, das zur
Grossmutter geht; denn seit _____ meines
Vorfahren stehen wir in _____. Doch auch
Wölfe haben ein Recht auf Ehre. Sorge dafür, dass diese Geschichte,
die den Wolf in _____ rückt, unter
die Leute kommt. Am besten wäre es, wenn die Geschichte in ein
Schulbuch käme.»
«Ich werde sehen, was ich für _____ tun kann», sagte das
Mädchen etwas geschwollen; es musste eben
hinter _____ die Angst vor dem
Wolf verbergen.
«Trage Sorge zu _____ !», rief der Wolf
dem Rotkäppchen nach.

Max Huwyler

WL3 Hahn darf weiterkrähen

Fallformen erkennen/Fallformen bilden (4.14/4.15)

- Setze «der Hahn» in der passenden Form in die Sätze 1–4 ein.
  Notiere nun das Fragewort bzw. die Fragewörter,
  mit denen man «den Hahn» erfragen kann.
  Beispiel: Wer/was kräht freudig auf dem Mist?
  Die Fragewörter sind also «wer/was».

- Schreibe auch den Fall auf, in dem «der Hahn» jeweils steht (Ü15).

Deklination		Frage	Fall
1 Froh und freudig kräht _____ den neuen Tag herbei.		_____	_____
2 Der Urlauber möchte _____ zum Schweigen bringen.		_____	_____
3 Der Urlauber möchte _____ das Krähen verbieten.		_____	_____
4 Er möchte sich gern _____ entledigen.		_____	_____

- Setze die fehlenden Fallformen im nachstehenden Zeitungstext ein.

- Bezeichne am Rand alle nummerierten Fallformen mit den Abkürzungen N, A, D, G.
  Bei Schwierigkeiten hilft die Ersatzprobe (Ü15).

Hahn darf weiterkrähen

Sporonto, ap. *Allen Grund* (1) zu (ein jubilierendes Kikiriki)
_____ (2)

1 _____
2 _____

hat *ein Hahn* (3) aus *dem Dorf Sporonto* (4) an (die italienische

3 _____   4 _____

Riviera) _____ (5):

5 _____

Ein Gericht (6) wies a*m Dienstag* (7) *die Klage* (8) (ein Urlauber)

6 _____   7 _____   8 _____

_____ (9) aus *Mailand* (10)

9 _____   10 _____

ab, der sich durch *das morgendliche Krähen* (11) *des Tieres* (12)

11 _____   12 _____

in (seine Urlaubsruhe) _____ (13)

13 _____

gestört fühlte und von *dem Eigentümer* (14) verlangt hatte,

14 _____

den Hahn (15) *zum Schweigen* (16) zu bringen. *Der Richter* (17)

15 _____   16 _____   17 _____

befand unter *Hinweis* (18) auf *Lärmmessungen* (19), dass *der*

18 _____   19 _____

Krach (20) a*m frühen Morgen* (21) nicht *die Grenze* (22) (das Erlaubte)

20 _____   21 _____   22 _____

_____ (23) übersteige

23 _____

und *der Hahn* (24) weiterhin (der neue Tag) _____

24 _____

_____ (25) herbeikrähen dürfe.

25 _____

Der Bürgermeister (26) von *Sporonto* (27) unternahm unterdessen

26 _____   27 _____

(ein Schritt) _____ (28)

28 _____

zu*r Vermeidung* (29) (künftige Streitigkeiten) _____

29 _____

_____ (30). Er erliess *eine Verordnung* (31),

30 _____   31 _____

die besagt, dass «*Lärmemissionen*» (32) (heimische Tiere)

32 _____

_____ (33) hingenommen

33 _____

werden müssen, wenn *der Geräuschpegel* (34) *das Mass* (35)

34 _____   35 _____

(das Erträgliche) _____ (36)

36 _____

nicht überschreite.

Das Sechseläuten
Deklination – Fälle bestimmen (4.14/4.15)

Die Journalistin Franca Magnani beschreibt in der folgenden Passage
aus ihrer Autobiografie «Eine italienische Familie», wie sie als Kind einer
Einwandererfamilie das Sechseläuten erlebte.

- Markiere in der Tabelle den Fall, in dem die kursiv gedruckten Ausdrücke
im Text stehen. Erfrage dazu den Fall vom Wort her, das diesen Fall verlangt.

Beispiel zu Zeile 1: Vom **Verb** aus lautet die Frage: Wer/was wiederholte
sich in Zürich jedes Jahr? Der Ausdruck «ein eindrucksvolles Jubiläum» steht
also in folgendem Fall: _____.

Franca Magnani.
Schultes/Keystone Archive Zürich

Das Sechseläuten

Jedes Jahr wiederholte sich in Zürich *ein eindrucksvolles Jubiläum:* das
«Sechseläuten». Es ist *ein historisches Fest,* das eng mit der neuzeitlichen Stadt-
geschichte zusammenhängt, die 1336 – so lehrte man uns in *der Schule* – mit
dem Aufstand *der Zünfte* begann. Ihr Anführer, Rudolf Brun, beseitigte
5 damals die Vorherrschaft *der patrizischen Familien* in Zürich und verhalf
dem «Handwerkerstand» zur Macht. Die von Brun ausgearbeitete Verfassung
stellte *ein Gleichgewicht* zwischen den handwerklichen Zünften, dem Stadt-
adel und den Kaufleuten, Bankiers und Grossgrundbesitzern her, *die* in der
«Constaffel» vereinigt waren. Obgleich man noch nicht von *einer Demokratie*
10 sprechen konnte, hatte die «Zunftrevolution» doch *ein klares Ziel:* grössere
Macht für *die Zünfte* und – seit dem Spätmittelalter – sinkenden Einfluss
des Adels auf die örtlichen Einrichtungen. Seine besondere bürgerliche
Ausprägung erfuhr Zürich eben durch *diesen Umsturz* am Ausgang des
Mittelalters.
15 Mit dem «Sechseläuten» wird zugleich *der Winter* verabschiedet, der von
einem riesigen Schneemann aus weissem Pappmaché, dem «Böögg»,
dargestellt wird. Das Fest, das vor allem von *den Kindern* sehnlichst erwartet
wird, ist sehr eindrucksvoll wegen *der vielen Menschen,* die in historischen
Kostümen die Bahnhofstrasse entlang zu*m* * *Bellevueplatz* defilieren.
20 Zu dem Umzug gehören *Karren* und Wagen, auf denen die Werkstätten der
verschiedenen Zünfte mit den «Zünftern» in *ihren traditionellen Kleidungen*
dargestellt werden. Der «Böögg» wird nach *einem heidnischen Brauch* auf
einen grossen Scheiterhaufen in der Nähe *des Bellevueplatzes* gesetzt
und verbrannt. Damit beginnt in Zürich *der Frühling.*
25 In der Regel herrscht an diesem Tag zwar *eine barbarische Kälte,* doch
die Schweizer marschieren ungerührt in ihren dünnen mittelalterlichen
Kostümen und trotz *Kälte, Regen* und *Wind.* «Es ist alles eine Frage der
Gewohnheit», behauptete Mama, *die* selbst nicht gewillt war, sich daran
zu gewöhnen. Sich mit dem Wetter abzufinden, hätte für *sie* bedeutet,
30 sich mit *dem Exil* abzufinden.
Der begehrteste Platz, um *dem «Sechseläuten»* beizuwohnen, war natürlich
ein Balkon an der Bahnhofstrasse. Die «Berlitz School of Languages» besass
einen. Er war riesig und lang und ging um die Ecke, sodass man die berühmte
Route vo*m Bahnhofplatz* bis zum Paradeplatz überblicken konnte.
35 Madame Lisy und Signor Ottò luden *uns* jedes Jahr ein und bewirteten uns
mit Leckerbissen, die *ich* bis dahin nicht kannte, wie «l'île flottante», eine
schokoladene Cremespeise, die *wir* unter Papas wachsamen Augen kosteten,
wobei wir uns bemühten, «dem Essen nicht *viel Bedeutung* beizumessen».

*zum = zu dem

N	A	D	G

Nominativ (wer/was?) · Akkusativ (wen/was?) · Dativ (wem?) · Genitiv (wessen?)

In der Primarschule hast du die Wortarten kennen gelernt. Kannst du diese Steckbriefe der Wortarten ausfüllen? Als Hilfe kannst du die Merkmalliste benutzen: Jedes Merkmal hat seinen Platz in einem der Kästen. Die Zahl hinter dem Merkmal gibt an, wie oft dieses Merkmal in den fünf Kästen vorkommt. In die Kopfzeile der Kästen schreibst du die Wortart-Bezeichnung. Zwei Begriffe sind bereits angegeben.

Erinnerst du dich an die Farben, mit denen du die Wortarten gekennzeichnet hast? Übermale die unten stehenden Wortart-Bezeichnungen mit diesen Farben (7.1, Ü7). Auf die freie Zeile schreibst du eventuell weitere, dir bekannte Bezeichnungen für die Wortarten.

Verben	_____
Nomen	_____
Adjektive	_____
Pronomen	_____
Partikeln	_____

Wenn du die Wortart-Merkmale den Kästen zugeordnet hast, übermalst du die Kopfzeilen in der «Wortart-Farbe».

Liste der Wortart-Merkmale:
- veränderbar (4x)
- unveränderbar (1x)
- konjugierbar (1x)
- deklinierbar (3x)
- Einzahl oder Mehrzahl (3x)
- haben ein festes Geschlecht (1x)
- steigerbar (1x)
- Begleiter oder Stellvertreter (1x)
- Partikeln

Tipp:
Es gibt ein Verzeichnis der Fachausdrücke!

Grossschreibung

Partikeln

Wenn du die Steckbriefe ausgefüllt hast, ordnest du alle Wörter der Fabel den Wortarten zu, indem du sie in ihrer «Wortart-Farbe» übermalst.

Fabel
Eines Tages schlug der Affe sein Weibchen. Dieses lief zur Füchsin und klagte ihr traurig sein Leid. Die Füchsin sagte: «Tröste dich. Wir Frauen erhalten immer die Schläge, die unsere Männer verdienen.»

Nach R. Kirsten

Wortarten im «Venn-Diagramm»
Die fünf Wortarten lassen sich auch
mit einem Venn-Diagramm darstellen.
Diesen Begriff aus der Mengenlehre
solltest du kennen.

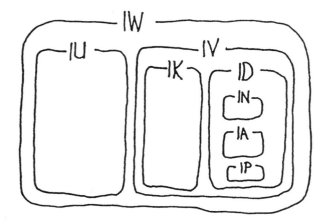

Legende zum Venn-Diagramm

|W = _____

|U = u _____ Wörter
    Das sind die _____ (Wortart).

|V = v _____ Wörter

|K = k _____ Wörter
    Das sind die _____ (Wortart).

|D = d _____ Wörter
    Das sind die _____ (Wortart)
    und die _____ (Wortart)
    und die _____ (Wortart).

- Übermale in den nachstehenden Texten die Wörter in ihrer Wortart-Farbe.

- Unterstreiche jene Wörter, deren Wortart für dich schwierig zu bestimmen ist.
  Überlege, was dir das Bestimmen dieser Wörter erschwert.

Versteinert *Eine Sage aus dem Kanton Schwyz*

Zwei Burschen, Peter und Paul, sahen einmal am Fuss
des Kleinen Mythen einen eigenartigen Fleck. Weil sie
neugierig waren, stiegen sie hinauf und schauten nach.
Sie trafen dort den Teufel und wollten ihn erschlagen,
5 damit er nie mehr etwas Böses anstellen könne. Als
sie dem Höllenfürsten den ersten Schlag versetzt hatten,
zuckte ein Blitz aus heiterem Himmel und die beiden
Burschen wurden sofort versteinert. Peter und Paul nennt
man noch heute die beiden auffälligen Felssäulen,
10 die vor dem Kleinen Mythen dicht nebeneinander stehen.

Hans Steinegger: Schwyzer Sagen

Die Losplatte *Eine Sage aus dem Berner Oberland*

Die ersten Menschen, die ihren Fuss in das Kiental gesetzt
haben, waren zwei Brüder. Als sie das in zwei Täler
ausgebreitete, schöne Weidland sahen, fragten sie sich,
wie sie es unter sich teilen sollten. Da setzten sie sich
5 auf einen grossen flachen Stein, der im Grunde lag, und
warfen das Los. Von dieser Stunde an wurde der Stein
die Losplatte geheissen.

Sagen der Schweiz. Bern. Ex Libris

1 Der Pfingstspatz

Viel weniger bekannt als der Osterhase
ist der Pfingstspatz. Er legt allen Leuten
am Pfingstsonntag ein Grashälmchen
auf den Fenstersims, eines von der Art,
5 wie er es sonst zum Nestbau braucht.
Das merkt aber nie jemand, höchstens
ab und zu eine Hausfrau, die es sofort
wegwischt. Der Pfingstspatz ärgert sich
jedes Jahr grün und blau über seine
10 Erfolglosigkeit und ist sehr neidisch auf
den Osterhasen, aber ich muss ehrlich
sagen, das mit den Eiern finde ich auch
die bessere Idee.

- Übermale alle Wörter in der Farbe ihrer Wortart.

2 Das Auto

Es war einmal ein Auto, das hatte nur
drei Räder. Damit war es nicht zufrieden.
«Irgendetwas fehlt mir», sagte es
jeden Tag, «wenn ich nur wüsste, was.»
5 Es beschloss, ein anderes Auto zu
fragen, und fuhr auf den Autofriedhof.
Dort sah es ein Auto, das nur zwei
Räder hatte, und fragte: «Hallo – kannst
du mir sagen, was mir fehlt? Ich bin so
10 unzufrieden.» – «Dir fehlt nichts», sagte
das andere Auto, «im Gegenteil, du
hast ein Rad zu viel!» Da schraubte sich
das Auto sein drittes Rad ab, blieb von
jetzt an mit dem anderen Auto auf dem
15 Autofriedhof und war sehr zufrieden,
denn zusammen hatten sie ja vier Räder.

Die beiden Texte stammen aus: Franz Hohler: Wegwerfgeschichten.
Bern 1974 (Zytglogge)

- Unterstreiche alle deklinierbaren Wörter.
- Bezeichne die Adjektive und Pronomen,
  indem du ein A bzw. ein PR darüber schreibst.

Das Hotel

Ein *älteres* Ehepaar hatte lange Zeit

keine Ferien gemacht. *Es* las in der

Zeitung ein Inserat, in *welchem* in einer

ruhigen, seereichen *Gegend* ein

5 Hotel **mit** Seeblick **empfohlen** wurde.

Da die Preise *günstig* waren und

ihnen die Vorstellung, **auf einen** See *zu*

blicken, die *gewünschte* Ruhe zu **ver-**

sprechen schien, liessen *sich* die *beiden*

10 ein Doppelzimmer **reservieren**. **Als** sie

aber im Hotel ankamen, sah *man* vom

Zimmer aus nicht **auf** den See, sondern

auf ein *anderes* Hotel, und *dahinter*

erst lag **der** See. Sie beschwerten *sich*

15 *sogleich* beim Portier, **doch** dieser

sagte, **das** andere Hotel heisse «Hotel

See», deshalb hätten sie *ihr* Hotel

«Seeblick» **genannt**. **Als** die Leute **mit**

dieser Erklärung nicht *zufrieden*

20 waren, sagte ihnen **der** Portier, sie

hätten Glück **gehabt, denn** hinter

ihrem Hotel *befinde* sich ein *weiteres*

Hotel, *das* den Namen «Hotel See-

blickblick» trage. *Jetzt* verstummten

25 **die** beiden, aber *richtig* **geniessen**

konnten sie *ihre* Ferien *nicht*.

Aus: Franz Hohler: Wegwerfgeschichten, Bern 1974 (Zytglogge)

Diese Übung zu den Wortarten solltest du
am Schluss des Schuljahres lösen können,
wenn dir die folgenden Begriffe vertraut sind:

Verben: Partizip (Part.)
Infinitiv (Inf.)

Nomen

Adjektiv

Pronomen: Personalpronomen (Pp.)
bestimmter Artikel (bArt.)
unbestimmter Artikel (uArt.)

Partikeln: Präpositionen (Präp.)
Konjunktionen (Konj.)

– Übermale die kursiv gedruckten Wörter in der Farbe
ihrer Wortart.

– Überschreibe die fett gedruckten Wörter mit den oben
stehenden Abkürzungen.

Die Wortpyramide auf 7.2 ermöglicht verschiedene Einsichten zur Funktion der am häufigsten verwendeten Wörter. Man sieht z. B., welche Wortart am häufigsten vorkommt. Untersuche die folgenden Punkte.

1 Erkläre, warum rechts neben der Pyramide «Wortformen» statt einfach «Wörter» steht.
 (Wortformen: bin, war, gewesen sind Wortformen von sein.)

_____

_____

2 Zu welchen Wortarten gehören die 30 am häufigsten verwendeten Wortformen?

_____

_____

3 Wie kann man das Ergebnis von Punkt 2 erklären?

_____

_____

_____

4 Schreibe die Verben aus den 100 am häufigsten verwendeten Wortformen heraus.
 Notiere jedes Verb nur einmal, und zwar im Infinitiv.

_____

_____

5 Wie kann man erklären, dass gerade diese Verben am häufigsten vorkommen?

_____

_____

_____

_____

6 Welche Nomen werden am häufigsten verwendet? Schreibe sie aus der Wortpyramide heraus. Es ist eine überraschende Auswahl!

_____

_____

_____

7 Was stellst du fest, wenn du die Wörter in der Spitze der Pyramide mit denen in der Pyramidenbasis vergleichst?

_____

_____

_____

_____

Nebel über dem Ried

In der Nacht vom 7. auf den 8. Oktober zeigte der
Kalender Neumond an. Ausläufer eines atlantischen
Tiefs hatten gegen Abend Regen gebracht, und die
Nebelbänke, die sich von Zeit zu Zeit wie Mehlsuppe
5 über die Autobahn legten, machten den Autofahrern
das Leben schwer.
Die beiden Männer in dem schweren LKW, der in vor-
geschriebener Geschwindigkeit über die nassschwarze
Strasse fuhr, fluchten leise, als sie im Nebel kaum mehr
10 die Rücklichter des vor ihnen fahrenden Wagens
erkennen konnten. Der Fahrer schaltete herunter und
beugte sich über das Lenkrad, um dem weissen Streifen
am Rande der Fahrspur besser folgen zu können. Er
entspannte sich erst wieder, als der Nebel sich etwas
15 lichtete und Leitplanken und Fahrzeuge im Scheinwerferlicht wieder deutlich sichtbar wurden. Er klaubte
sich eine Zigarette aus der Brusttasche, sein Nachbar
gab ihm Feuer und zündete sich selbst eine an.
Eigentlich hatten sie gegen das schlechte Wetter nichts
20 einzuwenden. Wenn sie auch nicht genau wussten, was
da hinter ihnen auf der Ladefläche lag, so viel hatten
sie gleich gemerkt: Etwas war faul. Anders konnten sie
es sich nicht erklären, dass der Transport nachts,
möglichst bei Neumond, ausgeführt werden sollte.
25 Sie hatten ihn trotzdem übernommen. Ihnen konnte
dabei nicht viel passieren. Bloss mit der Nässe und dem
Nebel hatten sie nicht gerechnet. Ein kleiner Auffahr-
unfall, und sie waren dran.
Als die Ausfahrt angezeigt wurde, ein erstes und dann
30 ein zweites Mal, und sie nach weiteren 500 Metern
die Autobahn verlassen konnten, atmeten sie auf.
Noch sieben Kilometer Landstrasse und sie hatten ihr
Ziel erreicht. Auf der Landstrasse war kaum Verkehr.
Im Scheinwerferlicht tauchte niedriges Buschwerk aus
35 der Finsternis auf. Dahinter war die Nacht undurch-
dringlich. Ideale Bedingungen für Leute, die nicht
gesehen werden wollten.

Aus: Klara Obermüller: Nebel über dem Ried. Zürich 1978

Hilfsverben
Sein, haben, werden nennen
wir Hilfsverben, wenn sie
zur Bildung von mehrwortigen
Verbformen (z. B. Zeitformen)
verwendet werden.

Modalverben
*Dürfen, müssen, wollen, können,
mögen, sollen* nennen wir
Modalverben, wenn von ihnen
ein Infinitiv abhängt.

- Übermale die verbalen Teile
  im Text blau.
- Unterstreiche die Hilfsverben
  einfach, die Modalverben doppelt.

Resultat: Es kommen _____ (Anzahl)
Hilfsverben und _____ Modalverben
vor.

WL11 Man muss was tun
Modalverben (7.3)

> **Dürfen, können, mögen, müssen, sollen, wollen** nennt man **Modalverben**, wenn sie mit dem Infinitiv eines anderen Verbs gebraucht werden.
> Sie drücken aus, auf welche Art etwas geschieht, nämlich:
>
> – ob etwas mit Erlaubnis geschieht: Er *darf* mit uns kommen.
>
> – ob die Möglichkeit für etwas besteht: _____ du mitkommen?
>
> – ob etwas gern gemacht wird: _____ du mitkommen?
>
> – ob ein Zwang zu etwas besteht: Du _____ auch mitkommen.
>
> – ob es willentlich geschieht: Ich _____ aber nicht mitkommen.

Setze in den folgenden Sätzen ein passendes Modalverb ein:

1 Natürlich _____ es wieder einmal keiner gewesen sein!

2 Schade, dass du schon gehen _____ .

3 Er _____ das nicht machen; ich habe es ihm ausdrücklich verboten.

4 Ich _____ dich beim besten Willen nicht verstehen.

5 Unglaublich! Und das _____ Willy gesagt haben?

6 _____ jemand etwas essen?

7 Nein danke, ich bin nicht hungrig, aber ich _____ etwas trinken.

8 Der Chef _____ dich sprechen, du _____ ihn anrufen.

9 «Was _____ es sein?», fragte die Verkäuferin einen Kunden, der gerade weggehen _____ .

10 Das _____ ja schief gehen.

11 Das _____ doch nicht wahr sein!

12 Ich verstehe nicht, was du damit sagen _____ .

13 Bruno _____ das nicht gewesen sein, denn er _____ gestern den ganzen Nachmittag im Garten arbeiten.

14 Ich hatte dich besuchen _____ .

15 Wir _____ vorsichtig sein.

16 Vorsichtshalber _____ man doch noch einmal anrufen.

17 Er hat es ganz einfach nicht verstehen _____ , weil das für ihn so bequemer ist.

18 Unglaublich! Das _____ du gesehen haben.

19 Der Wille _____ Berge versetzen.

20 Sie _____ schon längst hier sein, ihr Zug _____ Verspätung haben.

21 Kaffee habe ich ganz gern, aber Tee _____ ich noch lieber.

22 Was _____ du damit sagen?

23 Wer _____ das gesagt haben?

24 In einer Stunde _____ diese Arbeit unbedingt fertig sein.

25 «Man _____ doch noch einmal von vorn anfangen», meinte Franz Mon.

man muss was tun

man muss was tun
muss man was tun
was muss man tun
tun muss man was

man hätte was getan
hätte man was getan
was hätte man getan
hätte man was getan

tun was man muss
was man tun muss
tun muss man was
was muss man tun

Franz Mon

man soll

man soll
man sollte
man sollte mal
man sollte doch mal
man sollte doch noch mal
man sollte doch noch einmal
man sollte doch noch einmal wieder

Franz Mon

sagen

sagen muss man
können dürfen

sagen was man
wollen möchte

sagen nicht was
sagen müssen

Ludwig Verbeek

WL12 Wollen können
Modalverben (7.3)

- Lies zuerst den Text durch, ohne die Wörter einzutragen.

- Setze dann die Verben ein. An einigen Stellen gibt es mehr als eine Möglichkeit. Wähle jenes Verb, das deiner Meinung nach am besten in den Text passt, inhaltlich und fürs Ohr.

- Achtung: Bei drei Verben handelt es sich nicht um Modalverben gemäss der unten stehenden Definition: Unterstreiche sie im Text.

- Kontrolliere deine Lösung, indem du sie laut liest.

Modalverben
Dürfen, müssen, wollen, können, mögen, sollen bezeichnet man als Modalverben, wenn von ihnen ein Infinitiv abhängt.

«Ich m_____ nicht mitkommen», sagte sie, «du _____ doch alleine gehen heute. Ich _____ noch einiges erledigen. Aber gehen _____ du. Du weisst, warum.» – Ja, er wusste, warum. Er _____ täglich einen Spaziergang machen, hatte ihm

5 der Arzt verschrieben, aber er _____ nicht zu schnell gehen. Er _____ auf den Puls achten. «Sie _____ nicht mehr über alle Berge rennen wie früher.»

Ja, früher, da _____ er wie aus einem Zwang heraus jedes Wochenende an einer Laufkonkurrenz mitmachen. Keinen Lauf meinte

10 er auslassen zu _____. Siegen _____ genügte ihm nicht: er meinte, siegen zu _____.

_____ er einmal aus irgendeinem Grund nicht zum ausgeschriebenen Wettkampf gehen, _____ sich seine Arbeitskollegen am Montag in Acht nehmen, so missgelaunt war er dann,

15 sie _____ sich mit ihm kein Spässchen erlauben. Aber sie _____ ihn trotzdem gut leiden. Nach jedem Sieg _____ sie sicher sein, dass er sie nach Feierabend zu einer Runde Bier einladen würde.

Sie _____ doch auch mitmachen, forderte er sie auf. Aber sie

20 hatten Ausreden: Sie _____ ihn lieber am Fernsehen siegen sehen. Sie _____ ihn doch nicht konkurrenzieren, sagten sie lachend, denn schliesslich _____ er zuoberst auf dem Treppchen stehen.

Eines Tages war er niedergeschlagen: Er _____ nicht mehr mit-

25 machen. Was heisst _____? Er _____ nicht mehr. «Ich _____ keinen Leistungssport mehr betreiben, ich _____ mich schonen. Der Kreislauf! Ihr _____ euch nicht vorstellen, was das für mich heisst.» Da hatte er Recht, sie _____ sich tatsächlich nicht vorstellen, dass ihr Kollege nicht

30 mehr Wettkämpfe bestreiten _____.

Das ist lange her, es _____ an die 20 Jahre her sein. Jetzt ist er alt. – Ein Kollege, der ihn besuchte, riet ihm, er _____ doch die alten Videos anschauen von seinen Läufen. «Nein, das _____ ich nicht, das sind Bilder wie aus einem anderen Leben. Ich _____

35 diese Bilder nicht mehr sehen. Eigentlich bin ich froh, dass ich noch gehen _____. Irgendeinmal habe ich den Ehrgeiz verloren. Irgendeinmal _____ ich lernen, dass man etwas gewinnen _____, wenn man etwas verliert.» Der Kollege _____ nichts entgegnen. «Komm, wir _____ deinen täglichen

40 Spaziergang machen.»

Streit

Andrés Auge ist blau wie ein Tintenfass. Und von den Lippen tropft Blut auf den Fussboden. Herbert betastet vorsichtig seine Schultern und betrachtet sein zerrissenes Hemd. So stehen sie nun beide vor dem Lehrer.

5 «Und wer hat angefangen?», erkundigt sich der Lehrer. «André!» – «Herbert!», rufen beide wie aus einem Munde. Der Lehrer unterdrückt ein Lächeln. «Also hat keiner angefangen», stellt er fest. «Um was ging es?» André meldet sich zuerst: «Herbert hat behauptet, dass

10 ich ihm seinen Kugelschreiber weggenommen hätte.» – «Er hat ihn mir wirklich aus dem Etui gestohlen!», bestätigt Herbert. André wehrt die Anschuldigung ab: «Nein. Das behauptet er nur!» Und er fügt hinzu: «Er hat ihn doch einfach verloren.» Der Lehrer unterbricht

15 die Streithähne: «So, und da ihr euch nicht habt einigen können, habt ihr angefangen, euch zu schlagen?» Beide Jungen nicken. «Aha. Und?», fährt der Lehrer fort, «was hat euch die Prügelei bewiesen?»

Der arme Hund

Ein indisches Märchen erzählt von einem Hund, der in einem Zimmer herumirrte, in dem alle Wände aus Spiegeln bestanden. Der Hund erblickte die vielen weiteren Hunde ringsum und begann, die Zähne zu

5 fletschen und zu knurren. Alle anderen Hunde knurrten ihn ebenso an und fletschten ihre Zähne. Der arme Hund erschrak gewaltig und fing an, im Kreis herumzulaufen, bis er vor Erschöpfung tot zusammenbrach. Hätte er doch nur ein einziges Mal mit dem Schwanz gewedelt!

Zwei Böcke

Auf einem schmalen Steg hoch über einem reissenden Wildbach starren sich zwei Böcke an. «Hau ab, mach Platz, geh weg!», ruft der eine. «Du bist wohl übergeschnappt!», erwidert der andere, «ich war zuerst auf

5 der Brücke.» – «Du Schafskopf! Siehst du denn nicht, dass ich viel älter bin als du!» Keiner will nachgeben. Im Gegenteil, ihr Zorn nimmt zu: Beide senken die Köpfe. Plötzlich rasen sie auf dem schmalen Steg aufeinander los, prallen zusammen, verlieren das

10 Gleichgewicht, stürzen hinunter und hauchen zerschmettert ihr Leben aus.

Nach: W. Hoffsümmer: Kurzgeschichten 1. Mainz 1981 (Grünewald)

Verben mit Verbzusatz
Zusammengesetzte Verben können aus Verb und Verbzusatz bestehen. Der Verbzusatz bildet manchmal mit dem Verb ein einziges Wort (z.B. im Infinitiv: *auf*setzen). Manchmal bilden Verb und Verbzusatz im Satz auch zwei Wörter (z.B. Er setzte sich *auf*).

Die Betonung liegt auf dem Verbzusatz.

Verben mit Vorsilbe
Verben können Vorsilben enthalten, z.B. *ge*stehen, *ver*stehen → Vorsilben ge-, ver-.

Vorsilben sind immer fest mit dem Rest des Verbs verbunden (z.B. Er hat *ge*standen).

Vorsilben sind immer unbetont.

Zur Arbeit an den Texten:
- Übermale die verbalen Teile blau.
- Unterstreiche die Vorsilben einfach, die Verbzusätze doppelt.

Achtung:
Es zählen nur die Vorsilben, die das Verb auch im Infinitiv hat. Die Vorsilben, die das Verb im Partizip II bekommt, zählen hier nicht.

Dazu zwei Beispiele:

Er hat gestanden.
Die Vorsilbe «ge-» kommt auch im Infinitiv vor: *gestehen*. «Gestanden» ist also eine Verbform eines Verbs mit Vorsilbe.

Er hat es getan.
Die Vorsilbe «ge-» fehlt im Infinitiv: *tun*. «Getan» ist also keine Verbform eines Verbs mit Vorsilbe.

Der Floh

Im Departement du Gard – ganz richtig, da wo Nîmes
liegt und der Pont du Gard: im südlichen Frankreich –
da sass in einem Postbureau ein älteres Fräulein als
Beamtin, die hatte eine böse Angewohnheit: sie machte
5 ein bisschen die Briefe auf und las sie. Das wusste alle
Welt. Aber wie das so in Frankreich geht: Concierge,
Telephon und Post, das sind geheiligte Institutionen,
und daran kann man schon rühren, aber daran darf
man nicht rühren, und so tut es denn auch keiner.

10 Das Fräulein also las die Briefe und bereitete mit ihren
Indiskretionen den Leuten manchen Kummer.
Im Departement wohnte auf einem schönen Schloss ein
kluger Graf. Grafen sind manchmal klug, in Frankreich.
Und dieser Graf tat eines Tages Folgendes:
15 Er bestellte sich einen Gerichtsvollzieher auf das
Schloss und schrieb in seiner Gegenwart an einen
Freund:

    Lieber Freund!
    Da ich weiss, dass das Postfräulein
20   Emilie Dupont dauernd unsere
    Briefe öffnet und sie liest, weil sie vor
    lauter Neugier platzt, so sende ich
    Dir anliegend, um ihr einmal das Hand-
    werk zu legen, einen lebendigen Floh.

25   Mit vielen Grüssen
    Graf Koks

Und diesen Brief verschloss
er in Gegenwart des Gerichts-
vollziehers. Er legte aber
30 keinen Floh hinein.
Als der Brief ankam, war
einer drin.

Kurt Tucholsky (1932) (in damaliger Rechtschreibung)

Welche beiden Zeitformen verwendet
Tucholsky in «Der Floh»?

_____

_____

Die Zeitformen im Text wechseln
immer wieder. Kannst du erklären,
warum einmal die eine, dann wieder
die andere Zeitform steht, was diese
Zeitformen ausdrücken?

Zeile 2: **liegt**

_____

_____

_____

_____

Zeile 3: **sass**, Zeile 4: **hatte**,
Zeilen 4/5: **machte auf**,
Zeile 5: **las, wusste**

_____

_____

_____

Zeile 6: **geht**, Zeile 7: **sind**,
Zeile 8: **kann rühren**,
Zeilen 8/9: **darf rühren, tut**

_____

_____

_____

_____

Welche Zeitform steht auf den
folgenden Zeilen? Warum verwendet
Tucholsky hier diese Zeitform?
Zeilen 10–17, Zeilen 27–32:

_____

_____

_____

_____

Zeilen 18–26:

_____

_____

_____

_____

WL15 Gegenwart oder Vergangenheit?
Zeitformen erkennen (7.6–7.9)

Finde heraus, in welcher Zeitform die folgenden Sätze stehen, und schreibe
sie auf die Linien am rechten Rand.
Benütze dazu die Übersicht über die Zeitformen auf Ü10.

Tipp: Übermale zuerst die verbalen Teile blau, so erkennst du die Zeitformen
besser.

Das **Präsens** drückt Gegenwärtiges
oder zeitlos Gültiges aus.
Perfekt, Präteritum und **Plusquamperfekt** drücken Vergangenes aus.

1 Die Ägypter kannten ein dauerhaftes, leichtes, einrollbares Schreibmaterial.

2 Sie haben ihre Mitteilungen auf Papyri geschrieben.

3 Papyri sind unserem Papier nicht unähnlich.

4 Der Papyrus ist eine Staude, die bis sechs Meter hoch werden kann
und armdicke Stängel hat.

5 Vor der eigentlichen Herstellung des Schreibmaterials hatten die Ägypter
die Stängel mehrere Tage lang in Wasser eingelegt und aufgeweicht.

6 Danach entfernten sie die harte Rinde und schnitten das Mark der Staude
in dünne Streifen.

7 Diese Streifen legten sie nebeneinander und quer darauf eine zweite
Schicht.

8 Diese zwei Schichten pressten sie aufeinander.

9 Beim Pressen verkleben die Markfibern, weil stärkehaltiger Zellsaft austritt
und als Leim wirkt.

10 Die einzelnen Papyrusteile klebte man dann zu langen Bahnen zusammen
und rollte sie zu Ballen auf oder verarbeitete sie zu Einzelblättern.

11 Die Schreiber beschrieben in der Regel jene Seite des Papyrus mit den
horizontal verlaufenden Fasern.

12 In Ägypten hatte man bis zu 5000 Jahre alte Papyri gefunden.

13 Das älteste Dokument ist über 5000 Jahre alt. Die längste Papyrus-Rolle
ist 40 m lang!

14 Die gefundenen Dokumente stammten aus Bodenschichten, die über dem
Grundwasser lagen, aus Gräbern und aus Schutthügeln antiker Siedlungen.

15 Die Griechen und Römer benutzten dieses hervorragende Schreibmaterial
ebenfalls.

16 Dank dem Papyrus sind viele Zeugnisse aus dem Altertum erhalten
geblieben, so z. B. auch die Bibel.

Kaffee und Zeitformen

Zeitformen erkennen und benennen (7.6–7.9)

- Unterstreiche in den folgenden Sätzen alle Wörter, die etwas mit Zeit zu tun haben.
- Übermale nun die verbalen Teile blau. Sie stehen in einer bestimmten Zeitform, die man mit lateinischen Begriffen bezeichnet. Vergleiche die Zeitformen der Sätze mit Ü10 und bezeichne sie mit dem passenden Begriff.
- Möglicherweise kennst du auch noch andere Bezeichnungen für die Zeitformen.

	Zeitformen lateinische Bezeichnung	(eventuell andere Bezeichnung)
1 Ich habe gerade frischen Kaffee aufgegossen.		
2 Ich mag keinen Kaffee.		
3 Früher habe ich auch keinen Kaffee gemocht.		
4 Er schmeckte mir zu bitter.		
5 Für mich war Kaffee damals etwas für die Erwachsenen.		
6 Aber eines Tages probierte ich dann doch, weil er so gut roch.		
7 Und? Hat er dir geschmeckt?		
8 Weiss ich nicht mehr. Aber heute freue ich immer auf den Kaffee.		
9 Damals hatte es auch noch nicht so viele Kaffeemarken gegeben.		
10 Und mahlen musste man ihn noch von Hand!		
11 Du wirst ihn schon auch noch schätzen lernen.		
12 Das werden wir ja sehen.		
13 Wir liessen die Kaffeebohnen immer im Geschäft mahlen.		
14 Wer hat denn eigentlich diesen Kuchen da gebacken?		
15 Kann ich vielleicht noch ein Tässchen bekommen?		
16 Mein Emil hatte den Kaffee über alles geliebt!		
17 Zehn Tassen pro Tag hatte er getrunken. Manchmal auch mehr!		
18 Schade, dass ich ihn nicht kennen gelernt habe.		
19 Diese Sorte soll besonders gut magenverträglich sein.		
20 Wann ist er denn gestorben?		
21 Den besten Kaffee gibt es in Italien!		
22 Nein. Den feinsten Kaffee hatte seinerzeit mein Emil gemacht!		

Im Bus

Es war Mittag.

Die Fahrgäste stiegen in den Autobus.

Wir standen gedrängt.

Ein junger Herr trug einen mit einer Kordel

5 umschlungenen Hut.

Er hatte einen langen Hals.

Er beklagt sich bei seinem Nachbarn wegen

der Stösse, die dieser ihm verabreichte.

Sobald er einen freien Platz erblickte,

10 stürzte er sich darauf.

Ich erblickte ihn später vor der Gare

Saint-Lazare.

Er trug einen Überzieher.

Ein Kamerad, der sich dort befand,

15 machte die Bemerkung:

Man müsste noch einen Knopf hinzufügen.

Nach Raymond Queneau

Im Bus

Es wird Mittag sein.

Die Fahrgäste werden in den Autobus steigen.

Wir werden dicht gedrängt stehen.

Ein junger Herr wird auf seinem Kopf einen

5 mit einer Kordel umschlungenen Hut tragen.

Er wird einen langen Hals haben.

Er wird sich bei seinem Nachbarn wegen

der Stösse beklagen,

die dieser ihm verabreichen wird.

10 Sobald er einen freien Platz erblicken wird,

wird er sich darauf stürzen.

Ich werde ihn später vor der Gare

Saint-Lazare erblicken.

Er wird einen Überzieher tragen.

15 Ein Kamerad, der sich dort befinden wird,

wird diese Bemerkung machen:

Man wird noch einen Knopf hinzufügen

müssen.

Nach Raymond Queneau

In seinem Buch «Stilübungen» hat Raymond Queneau diese kleine Geschichte immer wieder anders erzählt; er hat über hundert Varianten dieses Texts geschrieben. Sie unterscheiden sich durch verschieden gewählte sprachliche Mittel, durch unterschiedliche Beobachtungs- und Erzählweisen, durch mehr oder weniger Detailangaben.

Die beiden Varianten hier unterscheiden sich nur in der Zeitform: Die obere Variante steht im

_____

Die untere Variante steht im

_____

Weitere Variationen:

Schreibe drei weitere Varianten dieser Geschichte, und zwar je eine
– im Präsens
– im Perfekt
– im Plusquamperfekt.

Du kannst bei diesen Varianten auch die Satzglieder verändern oder weitere hinzufügen.
Achte aber darauf, dass die Grundinformation des jeweiligen Satzes erhalten bleibt.

Beispiel:
Er hat einen aussergewöhnlich langen und zudem sehr dünnen Hals

Die ersten beiden Abschnitte auf dieser Seite sind der Anfang einer Liebesgeschichte, welche die Schülerin Sabine für einen Geschichtenwettbewerb geschrieben hatte. Der dritte Abschnitt ist der Schluss der Geschichte. Sabine gab ihren Figuren keine Namen, sondern bezeichnete sie mit Pronomen.

Abschnitt 1

- Übermale alle Pronomen orange.
- Schreibe über
die Personalpronomen Pp,
die bestimmten Artikel bA,
die unbestimmten Artikel uA.

Er. Sein Auftreten wirkte teilnahmslos; er blieb in sich gekehrt, schien schüchtern und gab allen zu verstehen, dass er gerne einsam war. Keiner wusste etwas über ihn; er war ihnen nicht geheuer, sie waren nur froh, wenn er sie in Ruhe liess. Ab und zu versuchte der eine oder andere aus Mitleid mit ihm ein Gespräch zu führen, was unmöglich erschien, denn er hatte keine Lust, anderen etwas über sein Leben zu erzählen; er wollte einfach nur allein sein, allein mit seinen Träumen von einer heilen Welt, die er nicht kannte.

Abschnitt 2

- Übermale alle Pronomen orange.
- Unterstreiche jene Pronomen, welche Begleiter sind, und unterstreiche auch das Nomen, das sie begleiten.
- Umkreise jene Pronomen, die Stellvertreter eines Nomens sind.

Sie. Ihr Leben glich einer Rolle in einem unwichtigen Theaterstück. Sie kannte die richtigen Worte, wusste sich zu benehmen, konnte gegen aussen glücklich sein, obwohl sie es nicht war. Wirklich eine hervorragende Schauspielerin mit dem Auftrag, ein ganz normales Kind zu sein. Aber jeden Abend, wenn sie nach Hause kam, legte sie ihr Kostüm zur Seite und war wieder die unglückliche Tochter.

Abschnitt 3

- Übermale alle Pronomen orange.
- Bezeichne Personalpronomen wie in Abschnitt 1.
- Bezeichne Stellvertreter und Begleiter wie in Abschnitt 2.

Sie hatten lange darüber gesprochen, und schon war es beiden klar: Zusammen wollten sie einen neuen Anfang wagen. Es konnte ihnen gar nicht schnell genug gehen, da sie ja jetzt jemanden hatten, dem sie vertrauen konnten, der sie verstand.

Sabine Schweiger, 2. Sek.

Präpositionen (Vorwörter)

Präpositionen sind Partikeln, die *einen bestimmten Fall* vom zugeordneten Ausdruck verlangen und die oft z.B. bei Orts- und Zeitangaben stehen.

Ortsangabe: *Bei* der Haltestelle ...   (Wo? – *Bei* wem? – *Bei* verlangt den Dativ.)

Zeitangabe: *Nach* dem Essen ...   (Wann? – *Nach* wem? – *Nach* verlangt den Dativ.)

Manche Ortspräpositionen verlangen einen Dativ für die Ortsangaben und einen Akkusativ für die Richtung:

Ortsangabe mit Dativ: Das Auto steht *hinter* dem Haus.   (Wo? – *Hinter* wem?)

Richtung mit Akkusativ: Der Hund läuft *hinter* das Haus.   (Wohin? – *Hinter* wen/was?)

Häufig werden Präposition und nachfolgender Artikel zu einem Wort zusammengezogen:
im (= *in* dem), *am* (= *an* dem)

- In der folgenden «Unfallmeldung» kommen 18 Präpositionen vor. Neun fehlen im Text. Du kannst sie aber beim Lesen sicher herausfinden und einsetzen.
- Suche die anderen neun Präpositionen und übermale sie grün.

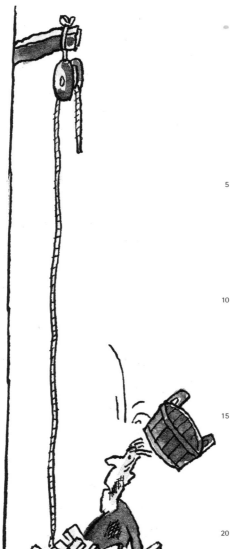

Sehr geehrte Versicherung

Mir ist ein Unfall widerfahren, und das ging folgender-
massen zu: ——————— dem Dachboden meines zweistöckigen
Hauses hatte ich einen Posten Ziegelsteine lagern, den ich
——————— unten befördern wollte. Dazu ersann ich folgende
5 Vorrichtung: Im Innern des Dachbodens befestigte ich einen
Balken, an dessen nach aussen ragendem Ende eine Rolle
angebracht war. ——————— diese Rolle warf ich ein Seil, und
dessen langes Ende schlang ich ——————— einen Baum.
An das obere Ende band ich ein hölzernes Waschschaff*, in
10 welches ich die Ziegelsteine legte. Dann ging ich ———————
unten, machte das Seil vom Baum los und hielt es fest. Dabei
stellte sich heraus, dass das Seil ——————— den Ziegelsteinen
schwerer war als ich. Es fuhr herunter, und ich fuhr hinauf.
Als das Schaff an mir vorbeifuhr, schürfte es mir die linke
15 Seite auf. Ich kam oben an und stiess mit dem Kopf heftig
——————— den Balken. Das Schaff kam unten an und brach
——————— den Aufprall entzwei. Die Ziegelsteine fielen in-
folgedessen heraus, und das Schaff fuhr hinauf. Als es an
mir vorbeifuhr, schürfte es mir die rechte Seite auf. Das
20 Schaff kam oben an, und ich kam unten an. Durch den Sturz
brach ich mir zwei Rippen, und vor Schmerz liess ich das
Seil los. Da fuhr das Schaff wieder herunter und traf mich
——————— den Kopf. Ich bitte Sie hochachtungsvollst, mir
diesen Unfall liebenswürdigerweise zu vergüten.

Karl Valentin (Münchner Komiker, 1882–1948)

* *Waschschaff: süddeutsch für Bottich, Zuber*

Katze jagt Fliege
Geschichte rund um Präpositionen (7.13)

Katze jagt Fliege
- Lass dich von der Zeichnung zu einem kleinen Text anregen.
- Welche Präpositionen hast du verwendet? Übermale sie grün.

_____ der Geburtstag der Grossmutter gekommen war, schickte die

Mutter ihr Töchterchen auf den Weg, _____ es ihr dabei nicht ganz

geheuer war, _____ sie wusste wohl, _____ der Weg zu

Grossmutters Haus durch den Wald führt. _____ einen anderen Weg

5 gab es nicht _____ der Geburtstagsbesuch war nun einmal jähr-

liche Pflicht. _____ sie besorgt war um ihr Kind, gab sie ihm noch ein

paar Ratschläge mit auf den Weg:

«_____ dir der Wolf begegnen sollte, so tue, _____ _____ du ihn

nicht sähest; geh einfach deines Weges, _____ _____ du dich

10 mit ihm einlässt.» – «Warum denn, Wölfe sind doch nett; _____ netter ich

mit ihm bin, _____ _____ netter wird er mit mir sein.» –

«_____ mir zu widersprechen, würdest du besser auf deine erfahrene

Mutter hören _____ ihren Rat befolgen, _____ ich will doch nicht,

_____ dir etwas zustösst.»

15 «Seit es Mütter gibt, haben diese Angst um ihre Töchter, _____ sie

wissen, _____ es wenig nützt», sagte Rotkäppchen altklug. «Du redest,

_____ _____ du Erfahrung hättest. Höre auf mich, _____

es zu spät ist, und tu nicht, _____ _____ du die Weisheit

mit Löffeln gefressen hättest.» _____ mehr die Mutter ratschlagte,

20 _____ störrischer wurde die Tochter. Das ging so lange, _____

die Tochter die altmodische Kappe aufsetzte, die sie nie trug, _____

_____ sie zur Grossmutter ging, _____ diese sie ihr gestrickt hatte

auf den neunten Geburtstag. Die Mutter war traurig _____ weinte sehr,

_____ noch nie war ihr ihre Tochter so frech begegnet; sie fragte sich,

25 _____ sie wohl etwas falsch gemacht habe.

Was wäre wohl gewesen, _____ der Wolf getan hätte, _____

_____ er eine harmlose Ziege wäre _____ ein sanftes Schaf?

Für die Mutter war es wohl gut, _____ sie nicht mitbekommen hatte,

_____ es Rotkäppchen im Wald erging, sonst hätte sie gar grosse

30 Ängste ausgestanden. _____ sie Rotkäppchen mit dem Feld-

stecher nachblickte, sah sie es nur noch kurze Zeit, _____ es schon

bald im Wald verschwunden war. Sie musste sich zur Erholung hinsetzen,

_____ sie wieder in die Küche ging. Wo nur ihr Mann so lange bleibt?

Der war doch selten da, _____ sie Erziehungsprobleme hatte.

35 Wir wissen ja, _____ es dann mit Rotkäppchen herausgekommen ist;

_____ _____ es den Jäger nicht gegeben hätte, wer weiss, _____

wir die Geschichte je vernommen hätten.

Text nach Elfriede Henkel

**Setze Konjunktionen
im Text ein:**
aber/doch
als
als ob/wie wenn
als ob/wie wenn
als ob/wie wenn
als ob/wie wenn
ausser wenn
bevor/ehe
bevor/ehe
bis
dass
dass
dass
dass
denn
denn
denn
falls/wenn
je ... umso/desto
je ... umso/desto
ob
ob
obwohl/obschon
obwohl/obschon
obwohl/obschon
oder
ohne dass
seit
statt
und
und
und
und wenn
weil
weil/da
wenn
wenn
wie
wie

Satzlehre SL

Antilopenschicksal

Die Antilopenmutter hatte ihre Jungen
vor dem Tiger gewarnt. Sie hatte ihn in
den schrecklichsten Farben beschrieben,
um ganz sicher zu gehen. Als die Kleinen
5 bald darauf einem wirklichen Tiger
begegneten, konnten sie das Raubtier
nicht in ihm erkennen und wurden ihm
zur leichten Beute.
«Dabei habe ich sie mehr als genug vor
10 dem Tiger gewarnt», jammerte die
Antilope der Gazelle vor, als diese ihren
Beileidsbesuch machte, «ich habe
geglaubt, je schrecklicher ich ihnen das
Raubtier darstelle, umso schöner
15 würden sie es bei mir finden.»
«Du hättest sie», entgegnete die weise
Gazelle, «besser auf eine Begegnung mit
dem Raubtier vorbereiten sollen.»

Der Streit um die Nuss

Unter einem Nussbaum hatten zwei Jungen eine Nuss
gefunden. «Sie gehört mir!», rief der eine, «ich habe
sie zuerst gesehen.» – «Nein, sie gehört mir!», schrie der
andere, «ich habe sie zuerst aufgehoben.» Und
5 schon waren die beiden in einen heftigen Streit ver-
wickelt.
«Hört zu, ich will euren Streit schlichten», sagte ein
grösserer Junge, der eben dazugekommen war.
Er stellte sich zwischen den streitenden Jungen auf,
10 knackte die Nuss auf und sprach: «Die eine der
beiden Schalen gehört dem von euch, der die Nuss
zuerst gesehen hat, die andere dem, der sie zuerst
aufgehoben hat. Den Kern aber werde ich behalten,
weil ich den Streit geschlichtet habe.» Und ehe
15 sich die beiden noch besonnen hatten, war der Kerl
verschwunden.

Nach: W. Hoffsümmer: Kurzgeschichten 1. Mainz 1981 (Grünewald)

Personalform
Die Personalform ist der verbale
Teil, die Verbform, an der
man die Person ablesen kann.

Beispiel:
Sie *hatte* ihre Jungen gewarnt.

Übrige verbale Teile
Gibt es neben der Personalform
noch weitere verbale Teile
in einem Satz bzw. Teilsatz, so
nennen wir sie übrige verbale
Teile. Wir unterscheiden bei den
übrigen verbalen Teilen drei
Verbformen: **Infinitiv (1)**,
Partizip II (2) und **Verbzusatz (3)**.

Beispiele:
1) Sie konnten den Tiger nicht
erkennen.
2) Sie hatte ihre Jungen *gewarnt*.
3) Sie trauerte ihren Jungen *nach*.

- Übermale die verbalen Teile blau.
- Unterstreiche die Personalformen.
- Bezeichne die Verbformen der
übrigen verbalen Teile
mit I (Infinitiv), P (Partizip)
und VZ (Verbzusatz).

SL2 Katze rettet Wurm

Verbale Wortketten bilden, Subjekt erkennen (2.15–2.17)

Beispiel:

Die Natur faszinierte den Menschen schon immer.

Der Infinitiv lautet:

_____

Nun bilden wir die verbale Wortkette:

die Natur faszinieren

Das geht vom Sinn des Satzes her nicht! Also weiterprobieren:

den Menschen faszinieren

Das geht!
Was passt auch noch hinein?

den Menschen schon immer faszinieren

Damit haben wir die dem Beispielsatz zugrunde liegende verbale Wortkette gebildet.

Was nicht in die verbale Wortkette passt, was beim Bilden der verbalen Wortkette herausfällt, ist das Subjekt. In unserem Beispielsatz lautet das Subjekt also:

_____

D. Zimmermann

- Versuche nun die verbalen Wortketten zu den folgenden Sätzen richtig und vollständig zu bilden.
- Unterstreiche dann das herausgefallene Satzglied, das Subjekt.

Katze rettet Wurm

1 Im Garten räkelt sich die Katze behaglich in der Sonne.

_____

_____

2 Da entdeckt sie einen Vogel.

_____

_____

3 Die schläfrige Hauskatze verwandelt sich urplötzlich in ein Raubtier.

_____

_____

4 Gebannt starrt sie auf die lockende Beute.

_____

_____

5 Die Katze duckt sich ganz flach an den Boden.

_____

_____

6 Langsam schleicht sie mit fast unmerklichen Bewegungen vorwärts.

_____

_____

_____

7 Dann belauert sie das Geschehen einen Augenblick lang wieder völlig reglos.

_____

_____

_____

8 Der Vogel zupft gerade eifrig einen Wurm aus dem Boden.

_____

_____

9 Er bemerkt die Katze anscheinend nicht.

_____

_____

10 Plötzlich schnellt sie mit einem Sprung vorwärts.

_____

_____

11 Doch dieses Mal kann ihr ihr Opfer entwischen.

_____

_____

SL3 Beim Psychiater

Verbale Wortkette, Subjekt (2.15–2.17)

Beim Psychiater

Die Dame D sitzt im Sprechzimmer des berühmten Psychiaters P in London.

D: «Mein Mann leidet unter einem unglaublichen Tick.
Er hält sich nämlich für einen Jumbojet.»

P: «Das ist doch überhaupt nicht schlimm. Er soll nur hereinkommen.
Ich werde gleich mit ihm reden.»

D: «Das geht im Moment leider nicht. Wir wohnen nämlich in Leeds.»

P: «Aha! Ihr Mann ist also gar nicht mit Ihnen nach London gekommen?»

D: «Doch. Aber wegen des dichten Nebels hier hat er ...»

- Auch den Sätzen eines Witzes liegen verbale Wortketten zugrunde. Schreibe sie unter den Sätzen auf. Bei Satz 8 musst du zuerst einen passenden Schluss finden.

- Unterstreiche dann die Subjekte der Sätze 1–8.

- Übermale dann die verbalen Teile der Sätze blau und grenze die Satzglieder mit senkrechten Strichen voneinander ab (Verschiebeprobe machen).

- Wenn du Probleme mit diesem Verfahren hast, probierst du es einfach noch an einigen weiteren Witzen oder andern kleinen Texten aus.

1. Die Dame D sitzt im Sprechzimmer des berühmten Psychiaters P in London.

_____

_____

2. D: «Mein Mann leidet unter einem unglaublichen Tick.»

_____

3. D: «Er hält sich nämlich für einen Jumbojet.»

_____

4. P: «Das ist doch überhaupt nicht schlimm.»

_____

5.1 P: «Er soll nur hereinkommen. 5.2 Ich werde gleich mit ihm reden.»

5.1 _____

5.2 _____

6.1 D: «Im Moment geht das leider nicht. 6.2 Wir wohnen nämlich in Leeds.»

6.1 _____

6.2 _____

7. P: «Aha! Ihr Mann ist also gar nicht mit Ihnen nach London gekommen?»

_____

_____

8. D: «Doch. Aber wegen des dichten Nebels hier hat er ... (hier passenden Satzschluss finden)

_____

_____

Verbale Wortkette des fertigen Satzes 8:

_____

_____

Macht der Gewohnheit
Verbale Wortketten und Subjekt (2.15–2.17)

Untersuche die Sätze des nachstehenden Texts auf folgende Weise:

- Übermale die verbalen Teile der Sätze blau. Unterstreiche die Personalformen.
- Markiere die Satzglieder, indem du sie mit senkrechten Strichen voneinander abgrenzt.
- Notiere auf den leeren Linien die verbale Wortkette, auf welcher der Satz beruht.
- Unterstreiche die Subjekte der Sätze.

Macht der Gewohnheit

1 Ein Erstklässler sagte dem Lehrer immer wieder treuherzig du.

_____

_____

2 Das hatte der Lehrer dem Schüler schon mehrere Male verboten.

_____

_____

3 Nach den vergeblichen Mahnungen erhielt der Schüler schliesslich eine Strafaufgabe.

_____

_____

4 Zur Strafe musste er den folgenden Merksatz hundert Mal aufschreiben:

_____

_____

5 Dem Lehrer darf ich nicht du sagen.

_____

6 L: «Von nun an wirst du nicht mit dir verwandte Erwachsene nicht mehr duzen!»

_____

_____

7 S: «Ich will es mir merken.»

_____

8 Am nächsten Tag lieferte der Erstklässler die fein säuberlich beschriebenen Blätter ab.

_____

_____

9 Der Lehrer lobte seinen Schüler für die schöne Darstellung ganz besonders.

_____

_____

10 Da strahlte der Schüler seinen Lehrer zufrieden an:

_____

_____

11 S: «Das hättest du wohl nicht erwartet?»

_____

(unbekannter Verfasser)

- Übermale die verbalen Teile der Sätze blau.

- Schreibe die verbalen Wortketten, die den Sätzen zugrunde liegen, rechts neben die Sätze.
  Tipp: Der Infinitiv steht immer am Schluss der verbalen Wortkette.

- Bestimme die übrigen Satzglieder der Sätze mit der Verschiebeprobe und grenze sie in den Sätzen mit senkrechten Strichen ab.

- Unterstreiche das Subjekt der Sätze.
  (Subjekt: das Satzglied, das nicht zur verbalen Wortkette gehört)

Der Beweis

1 Ein junger Maler hatte eine Herzogin gemalt.

2 Den Freunden der Herzogin gefiel das Bild nicht.

3 Misslungen und unähnlich fanden sie das Porträt.

4 Der Maler wollte ihnen das Gegenteil beweisen.

5 Das Lieblingshündchen der Herzogin sollte seine Herrin auf dem Bild erkennen.

6 Im Saal versammelte sich nun eine grosse Gesellschaft vor dem Bild.

7 Nun wurde das Hündchen von einer Kammerzofe hereingelassen.

8 Eilends sprang es auf das Gemälde zu.

9 Das Hündchen leckte nach allen Seiten an dem Bild.

10 Anscheinend hatte der Hund die Herzogin sofort erkannt.

11 Damit war die Ehre des Malers gerettet.

12 Allerdings sollte man den Kunstverstand von Hunden nicht allzu hoch einschätzen.

• Vervollständige die Definitionen (Begriffserklärungen).
Benütze dazu das Verzeichnis der Fachausdrücke.

Definitionen

1 Ein einfacher Satz beruht auf _____

_____

2 Ein zusammengesetzter Satz besteht aus _____

_____

3 Teilsatz nennen wir jenen Teil eines zusammengesetzten Satzes,

   der auf _____ beruht.

4 Zusammengezogene Teilsätze erkennen wir daran, dass sie einen Teil

   (bzw. mehrere Teile) _____

_____

Nico

(K)ein Schirm

Ich lief durch die regennassen Strassen weil ich einen

Schirm brauchte. Ich wollte einen durchsichtigen.

Das war aber keine gute Idee denn sie waren aus der

Mode gekommen sodass ich auch nach dem Besuch

5 von mehreren Schirmgeschäften immer noch

ohne Regendach dafür aber langsam bis auf die Haut

durchnässt war.

Endlich guckte ich in das Schaufenster eines Geschäfts

wie ich es brauchte. Es war voll von glasklaren Regen-

10 schirmen die von einem frühlingsblauen Himmel

schwebten. Zu ihren Füssen war ein Fuder bleiches

Heu und darin lag eine klägliche Brille.

Voller Vorfreude trat ich ein. Doch die Verkäuferin

schüttelte nur den Kopf und lächelte bedauernd.

15 Sie hatte nur Brillen zu verkaufen.

Nach Hanna Johansen

Zur Arbeit an «(K)ein Schirm»:

• Bestimme die zusammengesetzten Sätze, indem du deren Teilsätze überklammerst.
Beispiel: Ich brauche einen Schirm, weil es hier so oft regnet.

• Setze die fehlenden Kommas zwischen den Teilsätzen ein (Z4).

• Unterstreiche die zusammen-gezogenen Teilsätze.

• **Resultat:** In diesem Text kommen _____ (Anzahl) einfache Sätze vor und _____ zusammengesetzte Sätze, von denen _____ zusammen-gezogene Teilsätze aufweisen.

> – **Einfache Sätze** beruhen auf *einer* verbalen **Wortkette.**
>
> – **Zusammengesetzte Sätze** bestehen aus **Teilsätzen.**
>
> – Jeder **Teilsatz** beruht auf *einer* verbalen **Wortkette.**

Die Rache des Lastwagenfahrers

Ein Lastwagenfahrer hatte seine Fahrt unterbrochen um in einer kleinen Raststätte auf dem Land eine Mahlzeit einzunehmen. Als er gerade mit dem Essen begonnen hatte bogen drei Motorradfahrer auf
5 riesigen Motorrädern auf den Parkplatz ein wo sie ihre Maschinen nebeneinander abstellten. Dann betraten sie das Lokal mit grossem Hallo. Sie setzten sich an den Tisch an dem der LKW-Fahrer seine Mahlzeit einnahm. Sie begannen alsbald sich mit ihm zu unterhalten.
10 Als aber der Fahrer einsilbig blieb bedrängten sie ihn immer heftiger und begannen schliesslich ihn auf unflätige Weise zu belästigen. So ass der eine seine Spiegeleier auf der Zweite tat sich an seinen Pommes frites gütlich und der Dritte zog seine Cola zu sich
15 herüber und trank sie aus.
Der LKW-Fahrer liess sich aber durch all dies nicht provozieren, sondern bezahlte ungerührt seine Rechnung setzte sich die Mütze auf und verliess die Raststätte mit einem freundlichen Gruss an die Wirtin.
20 Als er weg war machten sich die drei Motorradfahrer über ihn lustig und sagten zur Wirtin das sei aber ein ängstlicher Kerl gewesen. Die Wirtin die gerade aus dem Fenster schaute nickte und meinte ausserdem sei er auch noch ein miserabler Fahrer denn er habe
25 gerade beim Zurücksetzen drei Motorräder platt-gefahren.

Nach R. W. Brednich

– Grenze die Teilsätze des Texts voneinander ab, indem du sie so überklammerst:

⌒ Was du nicht willst, ⌒ dass man dir tu, das füg auch keinem andern zu.

– Setze die fehlenden Satzzeichen im Text ein (siehe Z4 auf Ü22 und Z17 auf Ü23).

– Überprüfe deine Lösung, indem du die verbalen Teile blau unterstreichst und untersuchst, ob alle Teilsätze auf nur einer verbalen Wortkette beruhen. Schreibe dazu die verbalen Wortketten heraus, auf denen die Sätze beruhen.

Resultat: Der Text enthält _____ (Anzahl) einfachen Satz/einfache Sätze und _____ zusammengesetzten Satz/zusammengesetzte Sätze.

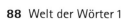

A Einfache Sätze – zusammengesetzte Sätze

(Be)Freitag

Jeden Sonntag wird der Tierwärter von den Zoobesuchern gefragt ob nicht die Gefahr bestehe dass die Tiger, Löwen und Leoparden eines Tages ausbrechen könnten. Der Tierwärter der seit fünfzehn Jahren

5 für die Raubkatzen zuständig ist antwortet darauf mit heftig abweisenden Gesten.

Die Käfige seien erstklassig gebaut in seinem Zoo zudem würde eine Reihe von Sicherheitsvorkehrungen getroffen sodass es unmöglich sei dass etwas passieren

10 könne.

Niemand hat bis jetzt bemerkt dass ihm bei diesem Satz jedes Mal die Schamröte ins Gesicht steigt. Denn tatsächlich steht der Tierwärter Tag und Nacht eine ungeheure Angst aus. Allerdings nicht vor den Raubtieren,

15 sondern vor sich selbst.* Er hat nämlich die sogenannte Befreiungssucht. Sobald er ein gefangenes Tier sieht bekommt er grosse Lust dieses freizulassen. Schon oft hat er sich nach Feierabend im Zoo versteckt um in der Nacht heimlich die Käfige zu öffnen. Bisher hatte er

20 widerstehen können doch der Drang die Raubtiere zu befreien wird mit dem Alter immer stärker. Bis zur Pensionierung will er noch durchhalten doch dann wird er zur Tat schreiten.

Nach M. Hamburger

* Satzfragment ohne verbale Wortketten: Also nicht bestimmen.

B Verbale Wortketten

- Schreibe unter den folgenden Sätzen die ihnen zugrunde liegende verbale Wortkette auf:

1 Jeden Sonntag wird der Tierwärter von den Besuchern allerlei gefragt.

_____

2 Die gefangenen Tiere wecken in ihm eine grosse Befreiungslust.

_____

3 Nie werden die Raubtiere des Zoos die freie Wildbahn kennen lernen.

_____

4 Schon oft hat er sich nach Feierabend im Zoo versteckt.

_____

Einfacher Satz:
Einem einfachen Satz liegt *eine* (einzige) verbale Wortkette zugrunde.

Verbale Wortkette:
Verbale Wortkette nennt man die «Rohform» eines Satzes. Man bildet die verbale Wortkette, indem man die verbalen Teile eines Satzes in den Infinitiv (Grundform des Verbs) setzt und alles mitliest, was vom Sprachgefühl her in diese «Rohform» passt.

Zusammengesetzter Satz:
Ein zusammengesetzter Satz besteht aus mindestens zwei Teilsätzen.

Teilsatz:
Ein Teilsatz ist der Teil eines zusammengesetzten Satzes, dem *eine* (einzige) verbale Wortkette zugrunde liegt.

- Im Text fehlen die Kommas zwischen den Teilsätzen. Setze sie deutlich ein.

Resultat: Der Text besteht aus _____ einfachen Sätzen und _____ zusammengesetzten Sätzen.

Nico

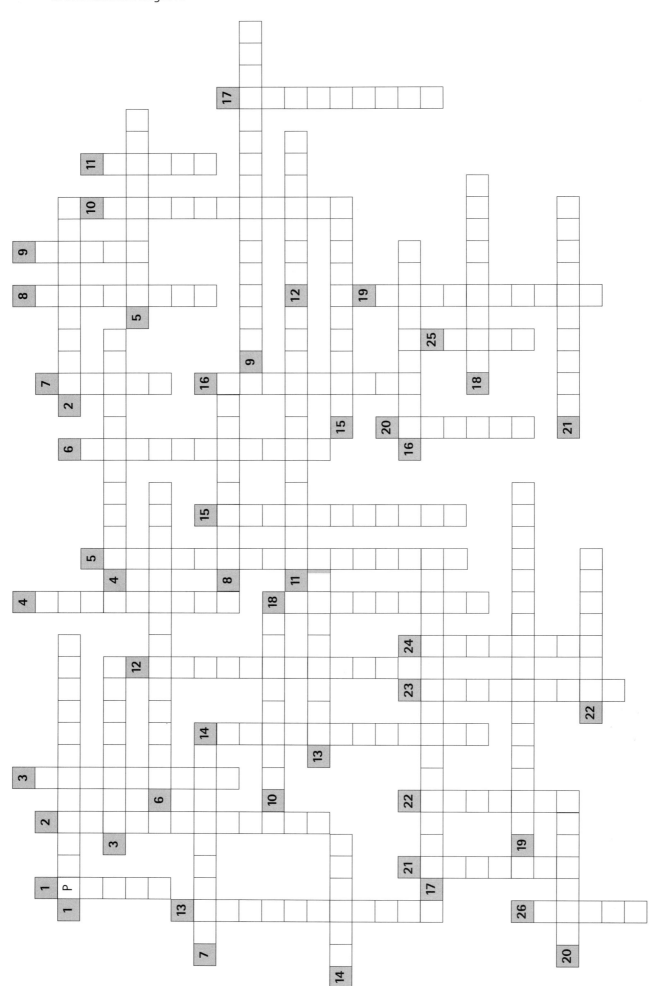

Dieses Kreuzworträtsel solltest du am Schluss des Schuljahres lösen können, wenn du die im «Verzeichnis der Fachausdrücke» fett gedruckten Begriffe kennen gelernt hast.

Waagrecht

1 Sokrates ist ein Philosoph gewesen. Den verbalen Teil *ist* nennen wir ●.
2 *Xenophobie* ist ein ●, *Alliteration* und *Pentagramm* auch.
3 Teil eines zusammengesetzten Satzes.
4 Er *kam, sah* und *siegte*. Diese Zeitform heisst ●.
5 Ein ● ist ein Buchstabe. Auch Mitlaut genannt.
6 Probe zur Bestimmung des Subjekts.
7 Er gründete *das Rote Kreuz*. Diesen Fall nennen wir ●.
8 *Montgolfier* war ein Pionier des Ballonflugs. Diesen Fall nennen wir ●.
9 Lindbergh *hatte* als Erster den Atlantik *überflogen*. Diese Zeitform heisst ●.
10 Napoleon *ist* schon mehr als 150 Jahre tot. Diese Zeitform heisst ●.
11 Er segelte *mit* fünf Schiffen Richtung Westen. Die Partikel *mit* ist hier eine ●.
12 Er hat *den* Buchdruck entwickelt. Das Wort *den* ist hier ein ●.
13 Wer hat als erster Mensch den Mond *betreten?* Diese Verbform nennen wir ●.
14 Die Buchstaben *a, e, i, o, u* sind ●.
15 Vier von sechs werden mit Hilfe von Hilfsverben gebildet.
16 Wortart der unveränderlichen Wörter.
17 Verfahren zur Ermittlung der Satzglieder.
18 Ein ● ist im Unterschied zu den verbalen Teilen verschiebbar.
19 Rohform eines Satzes, z. B. *den Hörer abheben*. Entsteht auch bei der Infinitivprobe.
20 Eine ● umfasst alle Wörter mit den gleichen Merkmalen.
21 Schriftzeichen.
22 Deutsches Wort für Singular.

Senkrecht

1 Satzschlusszeichen.
2 *Taxi!* Ein solches Gebilde nennen wir ●.
3 Grundform, in der die Verben im Wörterbuch aufgeführt sind.
4 *Haben* kann ein ● *sein, sein* und *werden* auch.
5 *Ich, du, er, wir, ihr, sie* sind ●.
6 Formveränderung durch die Fälle.
7 Eine dem Geschichtsforscher eher fremde Zeitform.
8 Das ● ist deklinierbar und steigerbar.
9 ● sind deklinierbar, stehen in der Einzahl oder Mehrzahl, haben ein Geschlecht.
10 Formveränderung der Verben.
11 Der ● ist einer von vier. Man fragt mit *wem* danach.
12 Ein Beispiel für eine solche Rede: Sie sagte, *dass das stimme.*
13 Verbindet Satzglieder und Teilsätze.
14 Verlangt einen bestimmten Fall vom zugeordneten Ausdruck. Siehe auch 21 senkrecht.
15 *Dürfen, müssen, wollen, können, mögen, sollen* sind ●.
16 Kurzform für eine der beiden Hauptfunktionen der Pronomen. Siehe auch 23 senkrecht.
17 Eine der drei Satzarten (siehe Übersichten).
18 Deutsche Bezeichnung für Wörter wie *weil, aber, oder* und. Siehe auch 13 senkrecht.
19 Er setzte sich die Krone selber auf. Den Teil *«auf»* des Verbs *aufsetzen* nennen wir ●.
20 Gegenteil von Singular.
21 Deutsches Wort für 11 waagrecht bzw. 14 senkrecht.
22 *Dieser Maler* hat die Mona Lisa geschaffen. Dieses Satzglied nennen wir ●.
23 Eine der beiden Hauptfunktionen der Pronomen. Siehe auch 16 senkrecht.
24 Wortart. Die ● sind deklinierbar, aber nicht steigerbar.
25 Man fragt mit *wer/was, wen/was, wem* oder *wessen* nach dem ●.
26 Das ● trennt Teilsätze.

Rechtschreibung R

R1 Was steht im Duden?
Umgang mit dem Duden 1 (3.14–3.17)

Wer mit Wörterbüchern arbeiten will, sollte das Alphabet können. Schreibe es hier auf:

1 A B C ___ Z

2 Ordne diese Wörter alphabetisch ein: Rufmord, Rüebli, rufen, Rüfe, Rüffel, Ruf

_____ _____ _____ _____ _____ _____

Die folgenden Aufgaben zeigen, welche Vielfalt von Informationen der Rechtschreibe-Duden anbietet.
Die Fragen beziehen sich auf den Dudenabschnitt auf S. 3.17 im Schülerbuch.

3 In welcher Fachsprache spricht man von «Ruderfüsser»?

4 Wie heisst der Genitiv Einzahl von «Rüde»? _____

5 Wo liegt «Rüdesheim am Rhein»? _____

6 Was ist richtig: «Ruderer» oder «Rudrer»? _____

7 Wie heisst die Mehrzahl von «Ruf»? _____

8 Heisst es «Sie mussten *rückwärtsgehen*» oder «... *rückwärts gehen*»? _____

9 Was ist ein «Rufmord»? _____

10 Was ist ein «Rudiment»? _____

11 Wie heisst das Adjektiv zu «Rudiment»? _____

12 Was ist richtig: «ich rüffle» oder «ich rüffele»? _____

13 Wie heisst die 2. Person Einzahl von «rufen» im Präsens? _____

14 Wie heisst die 2. Person Einzahl von «rufen» im Präteritum? _____

15 Wie heisst das Partizip II von «rufen»? _____

16 Trenne das Adjektiv «rückwirkend»: _____

17 Welche beiden anderen Wörter werden für «Rucola» genannt? _____

18 Wie wird «Rückstossantrieb» umschrieben? _____

• Stelle selber Fragen zur Arbeit mit dem Rechtschreibe-Duden zusammen.

Umgang mit dem Duden 1 (3.14–3.17)

Gross- oder Kleinschreibung

1 (schuld/Schuld) Du bist _____ am Unfall. – Warum gibst du mir die _____?

 Ich meine, du seist der _____.

2 Das ist ein Fest für ____edermann, für ____lt und ____ung, für ____lte und ____unge.

3 Sie hat vor ein _____ Tagen ein _____ Schuhe gekauft. Im Ausverkauf sind sie am ____illigsten

4 Ich danke ____hnen im ____oraus für ____hre Hilfe; _____ erweisen mir damit einen grossen Dienst.

 Ich wünsche ____hnen und ____hrer Familie alles ____ute und grüsse ____ie herzlich.

5 Auf ____eutsch heisst das ____talienische Wort «sera» «Abend». «Buona sera» heisst «guten _____».

Worterklärungen *Schreibe die Worterklärungen aus dem Duden auf:*

6 Substantiv _____

 Pantomime _____

 büffeln _____

 quadrieren _____

 wassern _____

Geschlecht und Mehrzahl von Nomen *Setze, sofern es sinnvoll ist, die Mehrzahl:*

7 Zoo: die _____; Pranger: _____;

 Ärztin: _____; Seemann: _____; Polarstern: _____

8 *Schreibe das Nomen mit dem bestimmten Artikel im Nominativ und im Genitiv Singular:*

 Salz: _____; Sand: _____;

 Arzt: _____; Kammer: _____

Das Konjugieren von Verben *Schreibe die 2. Pers. Ez. im Präsens und im Präteritum: z. B. gehen: gehst, gingst.*

9 beissen: _____, _____; laden: _____, _____

 frieren: _____, _____; boxen: _____, _____

 schleifen$_1$: _____, _____; schleifen$_2$: _____, _____

Zusammen- und Getrenntschreibung

10 Wenn zwei sich prügeln, sind sie nun «aneinandergeraten» oder «aneinander geraten»?

 Sie sind im Streit _____.

11 Klemm dich endlich dahinter! – Wie schreibt sich der Infinitiv? _____

Unsicherheit in der Schreibweise einzelner Wörter

12 Der letzte Satz eines Textes ist der Schluss _____.

13 (wieder/wider) Jetzt muss ich schon _____ nachschlagen, wie man W_____stand

 schreibt! Das ist doch _____lich. – «wider» bedeutet nach Duden: _____, «wieder»

 aber _____, _____, _____. So, jetzt weiss ich es _____.

14 Kommst diesmal auch w _____ mit ans Openär Konzert? – Wie schreibt man das schon wieder?

 – O _____

**China kämpft um seine
Schriftvereinfachung**

(SDA/DPA) Die Volksrepublik China
will gegen den Widerstand zahl-
reicher Sprachexperten im eigenen
Lande die Vereinfachung der Schrift-
5 zeichen und die Verbreitung einer
Lautschrift mit lateinischen Buchstaben vorantreiben. Ausserdem soll in
ganz China der in Peking gesprochene
Dialekt als Standardsprache popu-
10 larisiert werden. Dies unterstrich
nach offiziellen Angaben der Präsident der chinesischen Akademie
der Wissenschaften, Hu Qiaomu, in
Peking. Die als Pinyin bekannte Laut-
15 umschrift ist im kommunistischen
China seit den Fünfzigerjahren üblich
und wurde 1979 von der Pekinger
Regierung auch im Verkehr mit dem
Ausland offiziell eingeführt. Inzwi-
20 schen sei Pinyin in der ganzen Welt
als Umschrift für die chinesischen
Zeichen anerkannt (Beispiel: Mao
Zedong statt Mao Tse-tung). Kritiker
der Sprachreform, so gab Präsident
25 Hu Qiaomu zu, befürchten, dass
durch das Pinyin die Kürze und Klar-
heit der chinesischen Sprache beeinträchtigt werde.

Tessiner Eigenart wird respektiert

«Wir haben einen ausgesprochenen
Sinn für Geschmack. Wenn der Käse
geschnitten und verpackt ist, verliert
er an Frische und Geschmack. Des-
5 halb ziehen wir es vor, den Käse offen,
frisch geschnitten zu kaufen», bestätigt die Präsidentin der Tessiner Kon-
sumentinnenvereinigung Maria Anto-
nietta Terribilini.

Ein stabiles Septemberhoch

Dass wir in den ersten Septemberta-
gen eine spätsommerliche Schönwet-
terperiode haben, sind wir uns schon
fast gewöhnt. Dass diese stabile und
5 meist beständige Hochdrucklage
allerdings bis über die Monatsmitte
hinaus andauert, ist eher selten. Dieses Jahr scheint nun die Ausnahme
stattzufinden. Nach den vorliegenden,
10 vom Wettercomputer berechneten
Vorhersagekarten ändert sich die
Grosswetterlage über West- und Mit-
teleuropa bis zum Wochenende nur
unwesentlich. Das Hochdruckband,
15 das sich von der Biskaya über Mittel-
europa bis zum Schwarzen Meer
erstreckt, ändert seine Lage kaum.
Die atlantischen Störungen werden
über die Britischen Inseln und die
20 Nordsee nach Osten geführt, ohne
dass sie unser Land auch nur berühren. Entsprechend dauert hier das
spätsommerliche Wetter weiter an.

- Schreibe jene Wörter heraus, in denen die Vokaldehnung bzw. Vokalkürzung gekennzeichnet ist. (Wiederholungen nicht notieren.)

- Setze die Nomen, die im Text in der Einzahl stehen, in die Mehrzahl:

- Schreibe einige Nomen und Adjektive heraus, die aus mindestens zwei Wörtern zusammengesetzt sind:

- Helft euch und prüft euch gegenseitig.

R4 Abk.

Häufige Abkürzungen (im Wörterbuch) (3.14–3.17)

Abkürzungen, die man häufig in Wörterbüchern antrifft:
Eine umfangreiche Liste von Abkürzungen findet man im
Duden 1 unter «Hinweise für die Wörterbuchbenutzung».

1 Abk. _____

2 Akk. _____

3 Anm. _____

4 Ausspr. _____

5 Bed. _____

6 bes. _____

7 Dat. _____

8 d. _____

9 dt. _____

10 eigtl. _____

11 ev. _____

12 evtl. _____

13 geh. _____

14 Gen. _____

15 Ggs. _____

16 hist. _____

17 ital. _____

18 Jh. _____

19 jmd. _____

20 jmdm. _____

21 jmdn. _____

22 Konj. _____

23 m. _____

24 Nom. _____

25 od. _____

26 Plur. _____

27 Präp. _____

28 s. _____

29 Sing. _____

30 u. a. _____

31 u. Ä. _____

32 ugs. _____

33 vgl. [d.] _____

34 w. _____

35 Zus. _____

Abkürzungen, die man auch in der gesprochenen Sprache
gebraucht:

AHV _____

_____

TV _____

ETH _____

SBB _____

_____

WC _____

Abkürzungen und Kurzwörter finden oft Eingang in die
Alltagssprache und wirken dann wie Wörter:

Auto _____

Hoch _____

Mofa _____

Ufo _____

Uni _____

Speech bubble: I. geh. m. Hd. spaz.

R5 Gross oder klein?
Gross-/Kleinschreiberegeln (3.14–3.17)

In Deutschland hat eine Gross-untersuchung zur Rechtschreibung mit rund 200 000 Arbeiten von 8300 Schülern ergeben, dass jeder vierte Rechtschreibefehler ein Fehler der Gross-/Kleinschreibung ist. Zur Vermeidung solcher Fehler kann man Verschiedenes unternehmen:

– Sich die wichtigsten Regeln einprägen. Sie sind auf Ü18/Ü19 zusammengestellt.

– Bei Unsicherheit auf Ü18/Ü19 oder im Duden nachschlagen.

– Viel lesen: beim Lesen prägen sich Muster ein.

Zum unten stehenden Text

– Setze die fehlenden Buchstaben ein.

– Schreibe in die Felder die jeweils zutreffende Regelnummer aus Ü18/Ü19: G1–G5 bzw. K1–K5.

Es **G1** war einmal ein ___sel [ ]. ___uf [ ] diesem Esel ___tand [ ] ein Esel. Somit gab es einen unteren Esel und einen ___beren [ ]. Der obere Esel tat keinen ___chritt [ ] und kam ___rotzdem [ ] vorwärts. Auf diese ___rt [ ] lebten sie ___ahrein, ___ahraus [ ], ___onntags wie ___erktags [ ], einer oben, einer unten. Das ___tundenlange [ ] ___ehen [ ] unter der Last schlug dem unteren Esel mit der ___eit [ ] aufs ___emüt [ ]. Als er eines ___bends [ ] vor ___üdigkeit [ ] kaum mehr einen Schritt zu ___un [ ] vermochte, sagte der ___eplagte [ ]: «___ommen [ ] ___ie [ ] herunter, ___ie [ ] Esel, ich überlasse ___hnen [ ] gerne meinen Platz.»

Da sagte der ___bere [ ] Esel zum ___nteren [ ]: «___arum [ ] kommen ___ie [ ] nicht herauf, ___ie [ ] Esel?» – «Wie soll ich hinaufkommen, wenn ___ie [ ] nicht herunterkommen?» – «Ich habe ___ngst [ ] vor dem ___eruntersteigen [ ]», ___agte [ ] der obere Esel, «verstehen ___ie [ ]?» Der untere ___sel [ ] antwortete mit einem erschöpften «___ah»; denn als Esel brachte er kein ___ein [ ] zustande.

___o [ ] blieb alles beim ___lten [ ]: ___er [ ] obere Esel blieb ein oberer Esel und der untere Esel blieb ein unterer Esel, bis ___eute [ ].

Max Huwyler

R6 Zusammenhängendes zusammenbringen
Stammprinzip (3.14–3.17)

Ordne die am Fuss der Seite
aufgeführten Wörter den
entsprechenden Stichwörtern zu.

Angst
_____
_____

bauen
_____
_____

blau
_____
_____

Block
_____
_____

eigen
_____
_____

grau
_____
_____

Haken
_____
_____

Hand
_____
_____
_____

Haufen
_____
_____
_____

hautnah
_____

Heuchler
_____
_____

hören
_____

Jahr
_____
_____

jung
_____
_____

laut
_____

Leute
_____
_____

Morgen
_____
_____

Name
_____
_____

nass
_____
_____

Netz
_____

Nummer
_____
_____

packen
_____

Platz
_____
_____

Zier
_____
_____

Plätzchen ● nummerieren ● sich häuten ● einjährig ● nämlich ● behändigen ● Gepäck ● händereibend ● das Grauen ● die Laute ● morgens ● Nässe ● am jüngsten ● auspacken ● netzförmig ● Hörer ● häkeln ● Eigenheit ● blockieren ● der Bau ● platzen ● anhäufen ● zieren ● namentlich ● Nassschnee ● Nummerierung ● verbläuen ● leutselig ● heuchlerisch ● Jung und Alt ● einhaken ● ängstlich ● erhören ● läuten ● das Paket (!) ● häufeln ●

jährlich ● es nässt ● Eigentum ● Häufchen ● geziert ● händeln ● heute Morgen ● behände ● verängstigt ● nasskalt ● platzieren ● vernetzen ● Linkshänder ● Blockade ● namens ● Häutung ● Geläut ● eigentlich ● bläulich ● Hausnummer ● morgendlich ● ängstigen ● Zierde ● häufig ● verjähren ● Plätze ● heucheln ● Gebäude ● Häkchen ● leutescheu ● der Jüngste Tag ● Heuchelei ● gräulich ● Hörspiel ●

R7 Ent-/End-? -tlich/-lich?
Schreibweise dieser Vor- bzw. Endsilben (3.14–3.17)

Übung A

- Vervollständige die links aufgeführten Adjektive mit -lich bzw. mit -tlich.
- Schreibe die vollständigen Wörter ins obere oder ins untere Feld.

verträg-
freund-
orden-
sehn-
hoffen-
empfind-
verständ-
verächt-
entsetz-
wesen-
wissen-
hand-
monat-
morgen-
wöchen-
stünd-
flehen-
vernehm-
jugend-
bekannt-
erkenn-
feind-
wört-
wahrschein-
end-
gelegen-
pein-
öffen-
bräun-
verläss-
namen-
abend-
versehen-
kind-

verzeihlich

_____ **–lich**

eigentlich

_____ **tlich**

-tlich
(Eingeschobenes
Binde-t
nach -en)

Ausnahme:
morgendlich

Übung B

- Schreibe die links aufgeführten Wortteile nach den Silben ENT oder END.

ZIEHEN
ZWEI
SPURT
DECKUNG
LICH
EN
EILEN
LOS
MORÄNE
GEGNEN
WURZELN
E

ENT

END *los*

Wortfamilie als Rechtschreibehilfe (3.14–3.17)

Die nebenstehenden Wörter gehören 14 Wortfamilien an. Schreibe die Wörter jeder Wortfamilie heraus. Das erste Wort jeder Wortfamilie ist in der Wörterliste mit einer Nummer versehen (siehe Beispiel 1).

Rechtschreibung bei schwierigen Wörtern: Das Wort lesen und sprechen, bis du Wortbild und Wortklang aufgenommen hast, dann das Wort in einem Zug hinschreiben.

[1]lautlos ● [2]fliegen ● [3]Band ● [4]lieben ● [5]Wächter ●
[6]kläglich ● [7]fälschen ● [8]wachsen ● [9]wachsen ● [10]Flucht ●
[11]farblos ● [12]fliesst ● [13]fahren ● [14]leutselig ● flog ●
Läutwerk ● falsch ● klagend ● Liebe ● laut ● Bündel ●
färbst ● lieblich ● wachst ● Klage ● Falschheit ●
geflohen ● Bändel ● läuten ● Lautzeichen ● Farbe ●
fliessen ● Wache ● fälschlicherweise ● Fuhre ● Bindung ●
geflossen ● farbig ● liebt ● Leutchen ● fuhr ● floh ●
wächst ● gewachsen ● Lieblichkeit ● lauten ● gewachst ●
Fliege ● Wachsfiguren ● binden ● Leute ● fährst ●
flüssig ● Wachstum ● fahrig ● bündeln ● fliessend ●
Flieger ● wächsern ● Laut ● Flügel ● flieht ● floss ●
Wachs ● fliehst ● Kläger ● fliegend ● gebunden ●
flüchtig ● Flüssigkeit ● leutscheu ● Farbigkeit ● Fähre ●
Fluss ● wachen ● bündig ● aufgewacht ● anbändeln ●
Wache stehen ● Fälschung

1 _lautlos, Läutwerk, …_

2

3

4

5

6

7

8

9

10

11

12

13

14

Schreibe aus dem Text die zutreffenden Wörter in die entsprechenden Felder 1 bis 6.
Wörter wie «Schneewehen» muss man in zwei verschiedene Felder schreiben; unterstreiche die jeweils zutreffende Stelle (1. Schneewehe, 2. Schneewehe).

Stürmische und eisige Nordostwinde verfrachteten den Schnee und führten besonders im Burgenland zu bis fünf Meter hohen Schneewehen. Verschie-
5 dentlich wurden Autos buchstäblich von den Schneemassen eingekeilt; ein 22-Jähriger erfror.
Die starken Schneefälle führten auch in Wien zu teilweisen Verkehrs-
10 zusammenbrüchen. Der individuelle Strassenverkehr ruhte in manchen Stadtteilen. Die öffentlichen Verkehrsmittel waren überfüllt und verkehrten wegen stecken gebliebener
15 Autos, die die Tramschienen blockierten, ebenfalls nur unregelmässig.

Durch die hohen Schneeverwehungen wurde auch der Schienenverkehr stark erschwert und auf einzelnen
20 Strecken, darunter der Hauptverkehrsstrecke zwischen Wien und Budapest, überhaupt lahmgelegt: Der am Sonntagabend verkehrende Städteschnellzug «Lehár» Budapest–
25 Wien traf in Wien statt in den späten Abendstunden des Sonntags erst am Montagmorgen mit 10 Stunden und 21 Minuten Verspätung ein.

1 Dehnung des Vokals durch Verdoppelung (Ü17, Nr. _____)

_____ _____ _____

_____ _____ _____

2 Dehnung des Vokals durch Dehnungs-h (Ü17, Nr. _____)

_____ _____ _____

_____ _____ _____

_____ _____ _____

_____ _____ _____

_____ _____ _____

3 Dehnung des Vokals i durch ein -e (Ü17, Nr. _____) («Wien» und «die» nur einmal notieren)

_____ _____ _____

_____ _____ _____

4 Kennzeichnung kurzer Vokale durch Verdoppelung der Konsonanten bzw. durch ck und dt (Ü17, Nr. _____)

_____ _____ _____

_____ _____ _____

_____ _____ _____

_____ _____ _____

_____ _____ _____

5 Lange Vokale vor ss

_____ _____

6 Lang gesprochener Vokal ohne Dehnungszeichen (Ü17, Nr. _____) (Notiere eine Auswahl.)

_____

_____

_____

R10 Tren-nen
Trenn-Regeln (3.14–3.17)

- Trenne das Wort mit senkrechten Strichen in Silben.
- Schreibe die entsprechende Regel dazu (siehe Ü 21).

	Nr.		Nr.	Weitere Beispiele:	Nr.
ge|hen	*T1*	Klinke	_____	_____	
Efeu	*T3*	Weste	_____	_____	
ent|zwei	*T5*	Schwulst	_____	_____	
lächeln	_____	bläuen	_____	_____	
Werktag	_____	Hacke	_____	_____	
fischen	_____	Hackfleisch	_____	_____	
werkten	_____	hinunter	_____	_____	
Lachsbrot	_____	Museen	_____	_____	
Montag	_____	Entree	_____ (od. ___)	_____	
Montage	_____ _____	verbleiben	_____	_____	
entflogen	_____ _____	Magnet	_____ (od. ___)	_____	
wünschen	_____	Torwart	_____	_____	
Biberfrass	_____ _____	Raumschifffahrt	_____ _____	_____	
Saufrass	_____	loseisen	_____	_____	
Sauferei	_____	Schneckenei	_____	_____	
antworten	_____ _____	Schlägerei	_____	_____	
Adam	_____	schaffen	_____	_____	
Segel	_____	schauen	_____	_____	
schwabbelig	_____ _____	Schifffracht	_____	_____	
Seeigel	_____	Heroin	_____	_____	
seemännisch	_____ _____	rücksichtslos	_____	_____	
Entenei	_____ _____	publik	_____ (od. ___)	_____	
entflammen	_____ _____	zuckersüss	_____	_____	
klebrig	_____	träumerisch	_____	_____	
Achtung	_____	Schaffell	_____	_____	
Ostern	_____	scheffeln	_____	_____	
Seearm	_____	selig	_____	_____	
windarm	_____	Schwellung	_____	_____	
Mastdarm	_____	verbleiben	_____	_____	
blinken	_____	Bekleidung	_____ _____	_____	
Blinklicht	_____	Signal	_____ (od. ___)	_____	
verblöden	_____ _____	tagtäglich	_____	_____	
Verbzusatz	_____ _____	verletzen	_____	_____	
losschwimmen	_____ _____	Apfelmus	_____	_____	
lustig	_____	schmettern	_____		

Zeichensetzung Z

Übungsmodell zur Zeichensetzung (2.24–2.26)

Dieser Text dient dazu **,1** euch mit den wichtigsten Satzzeichenregeln vertraut zu machen ⬤ Ihr braucht nicht herauszufinden ☐ wo Zeichen zu setzen sind ☐ aber ihr sollt herausfinden ☐ welches Zeichen zu setzen ist und welche Regel jeweils zutrifft ⬤ Was ☐ das sei zu leicht ⬤ Halt halt ☐ nur nicht so voreilig ⬤ Lest zuerst diese Erklärungen ☐ bevor ihr anfangt ⬤ Also ⬤ In die Kreise setzt ihr die Satzendzeichen ⬤ Klar Gut ⬤ In die Quadrate setzt ihr die Nummer der jeweiligen Kommaregel ⬤ Das Komma selbst setzt ihr vor die Regelnummer ⬤ Ist das auch klar ⬤ Noch etwas ⬤ Bei den Kommaregeln sollt ihr nicht einfach die Nummer einsetzen ☐ nein ☐ ihr sollt jeweils auch die Regel dazu sagen ⬤ So prägt sich die Regel besser ein ⬤ So ☐ nun aber los ⬤

Hier drei Beispiele ⬤

Ihr werdet ohne Mühe herausfinden ☐ dass dieser Satz aus zwei Teilsätzen besteht ⬤

Petra ☐ Sonja ☐ Fritz ☐ und Linus fragen ☐ was eine Aufzählung sei ⬤

Wenn man die Sätze ☐ besonders die schwierigen ☐ laut liest ☐ kann man viele Zeichenstellen heraushören ⬤

Mit diesen wenigen Regeln werdet ihr nicht alle Zeichen richtig setzen können ☐ aber für die meisten Fälle genügen sie ⬤ Wer diese wenigen Regeln beherrscht ☐ der kann schon viel ⬤ Auch Mittelschüler ☐ Studenten ☐ Lehrer ☐ und viele andere Leute sind nicht immer sicher in der Zeichensetzung ⬤ Sogar Sekretärinnen ☐ Anfängerinnen und erfahrene ☐ müssen hin und wieder zum Regelbuch greifen ⬤

. ! ? **Satzendzeichen** schliessen den Satz ab. (→ Ü22, Z1–Z3)

: **Der Doppelpunkt:** Spezialzeichen für Ankündigungen (→ Ü23, Z16)

Das Komma gliedert im Innern des Satzes:

,1 **Das Komma trennt Teilsätze.** (→ Ü22, Z4–Z7)

,2 **Das Komma gliedert Aufzählungen** (wenn nicht *und* bzw. *oder* steht). (→ Ü23, Z8)

,3 **Das Komma trennt nachgestellte Erläuterungen ab.** (→ Ü23, Z10)

,4 **Anreden, Ausrufe, Bejahungs- und Verneinungswörter** werden durch Komma abgetrennt. (→ Ü23, Z11)

▸ Probiere diese Regeln aus, indem du selbst kurze Texte nach dem oben stehenden Modell als Übung für alle vorbereitest.

Im ersten Teil des Texts steht nur der Punkt am Satzende als Lesehilfe, weiter unten fehlt auch er.

• Setze die fehlenden Satzzeichen zwischen den Sätzen und Teilsätzen im Text ein. Benütze dazu die Regeln zur Zeichensetzung auf Ü22/Ü23.

Der freundliche Hotelangestellte

Ein Ehepaar freute sich auf seinen Urlaub, den es in einem Hotel an einem See verbringen wollte. Als die beiden beim Hotel ankamen das ihnen von einer Reiseagentur vermittelt worden war stand schon
5 ein Angestellter bereit und begrüsste die Gäste freundlich. Der junge Mann wies ihnen den Weg zum Eingang und versprach das Gepäck aufs Zimmer zu bringen sobald er den Wagen in der Hotelgarage parkiert habe. Die Gäste waren erfreut über den zu-
10 vorkommenden Empfang und auch über das Zimmer von dessen Balkon aus man eine prächtige Aussicht auf den See und die sanfte Hügellandschaft dahinter hatte. Das Hochgefühl des Ehepaars wurde allerdings dadurch etwas beeinträchtigt dass die Koffer auf
15 sich warten liessen sodass sich die beiden schliesslich beim Portier nach ihrem Gepäck erkundigten ihr Schreck war gross als sie erfuhren dass der Portier nichts von dem vermeintlichen Hotelangestellten wusste und als ihnen klar wurde dass es sich bei dem
20 freundlichen jungen Mann um einen Betrüger handeln musste der sich in der Zwischenzeit mit ihrem Auto und dem Gepäck aus dem Staub gemacht hatte ihre Ferienstimmung war nun so gründlich verdorben dass sie beschlossen sich unverzüglich mit der Bahn auf
25 die Heimreise zu begeben ein paar Tage später erhielten die betrogenen Eheleute ein Schreiben der Hoteldirektion worin diese ihr Bedauern ausdrückte über die Unannehmlichkeiten welche die beiden gehabt hätten als gute Geste des Hauses offerierte ihnen
30 die Direktion eine Woche kostenlosen Aufenthalt im Hotel das Paar war hoch erfreut über dieses grosszügige Angebot und es beschloss nach einigem Hin und Her die missglückte Urlaubswoche nachzuholen bei der Ankunft im Hotel erwies sich der Brief allerdings
35 als ein übler Scherz denn niemand wusste etwas davon man bedauerte das erneute Ungemach über alle Massen beteuerte zugleich aber auch dass das Hotel für den Schaden natürlich nicht verantwortlich gemacht werden könne ausserdem sei das Haus
40 leider ausgebucht also blieb dem abermals geprellten und ziemlich entnervten Paar gar nichts anderes übrig als wieder nach Hause zu fahren wo sie beinahe der Schlag traf als sie ihre Wohnung betraten offensichtlich hatte sich der Gauner während der Abwesenheit
45 des Paars mit den Schlüsseln aus dem gestohlenen Auto Zugang zur Wohnung verschafft und sie völlig ausgeplündert

Nach R.W. Brednich

- Setzt die Satzeichen in den Texten ein.
- Benützt dazu die Zeichensetzungsregeln auf Ü22–Ü24.

Das vergessene Komma

Wie wichtig ein Komma sein kann zeigt die Depesche die der reitende Sendbote des Königs dem Hauptmann des Gefängnisses überbracht hatte König begnadigt den Räuber nicht einsperren

Gefahr droht

Gefahr droht nicht anhalten hatte der Anführer gerade seinen Leuten zugerufen als ihn ein Pfeil um Haaresbreite verfehlte worauf er sich eines Besseren besann seinem Pferd die Sporen gab und schrie Gefahr droht nicht anhalten

So oder so

Er sagt ihnen ist das wichtig
Er sagt ihnen ist das wichtig
Sie schreibt ihm erzähle es nicht weiter
Sie schreibt ihm erzähle es nicht weiter

Die Ohrfeige

Ein Büblein klagte seiner Mutter der Vater hat mir eine Ohrfeige gegeben der Vater kam dazu und sagte lügst du schon wieder willst du noch eine

Johann Peter Hebel

Summen ist gut

Als die Mücke zum ersten Mal den Löwen brüllen hörte da sprach sie zur Henne der summt aber komisch summen ist gut fand die Henne sondern fragte die Mücke er gackert aber das tut er allerdings komisch

Günther Anders

Die Macht der Winzigkeit

Mach dass du wegkommst schnaubte der Stier die Mücke an die ihm im Ohr sass du vergisst dass ich kein Stier bin sagte die Mücke und stach ihn genüsslich

Wolfdietrich Schnurre

Rauchen Sie

Ein Landstreicher hilft einem Mütterchen den voll beladenen Leiterwagen eine Anhöhe hinaufzuziehen es bedankt sich herzlich dann fragt es rauchen Sie und wie erklärt der Landstreicher erwartungsvoll dachte ichs mir doch sagte das Mütterchen deshalb schnaufen Sie so entsetzlich

Macht nichts

Erkundigt sich der Mieter aus dem Parterre haben Sie denn gestern Abend nicht gehört wie ich an die Decke geklopft habe doch aber das macht nichts bei uns war es auch sehr laut

Und zu Hause

Hör mal Karl kannst du mir fünf Franken leihen tut mir leid ich habe gar kein Geld bei mir und zu Hause danke alle gesund und munter

Geniessen

Jetzt sind wir auf diesen steilen Berg geklettert um die Aussicht zu geniessen und ich habe das Glas vergessen nicht so wichtig trinken wir einfach aus der Flasche

Sechs mal neun

Ein Herr betritt ein Fotogeschäft bitte ich möchte einen Film sechs mal neun sechs mal neun ist vierundfünfzig antwortete der Herr aber warum wollen Sie das wissen